SH- A - I -25

Walter Fiedler

Nationalpark
Schleswig-Holsteinisches
Wattenmeer

Westholsteinische Verlagsanstalt
Boyens & Co., Heide

Grafiken: ALW Husum (S. 72, 73)
Skizzen: Thomas Bruske (S. 89, 99, 101, 103, 115, 117, 151)
Hans Christoph Kappel (S. 93, 95, 105, 107, 129, 131, 141)
Christopher Schmidt (S. 133, 135, 137, 139)
Überschriften – Montage: sh:z/Husumer Nachrichten
Fotos : Walter Fiedler

Alle Angaben, Empfehlungen und Vorschläge ohne Gewähr!

Unserem Otto G. Meier †,
dem langjährigen Naturschutzbeauftragten, gewidmet.

ISBN 3-8042-0552-6

Liebe Gäste des Nationalparks!

Jedes Jahr besuchen über zwei Millionen Ausflügler und Urlauber das Schleswig-Holsteinische Wattenmeer. Dann sind sie als Badende, Wattwanderer oder Schiffsausflügler Gäste des größten Nationalparks Mitteleuropas. Naturfreunde und Wissenschaftler, Vogelkundler und Ornithologen, Naturschützer und Fotografen, Heimatkundler und Weitgereiste finden das Wattenmeer einmalig. Weite, Stille und Wind lassen die Besucher aus Großstädten und Industriegebieten Enge, Lärm und Dunstglocke vergessen. Ebbe und Flut bestimmen hier das Leben weit mehr als Uhr und Kalender. Wind und Wasser lassen täglich Neues entstehen.

Als wesentlicher Teil des Großlebensraumes Wattenmeer zwischen den Niederlanden und Dänemark ist diese Landschaft von eigenartiger Schönheit so reich an Erlebens- und Bewahrenswertem, als wäre sie eigens für Naturfreunde und Forscher, Maler und Schriftsteller geschaffen. Erdgeschichtlich jung und nur 1,5 % der Nordsee bedeckend, ist sie – von der Natur geprägt und vom Menschen beeinflußt – voller Dynamik und jeden Tag anders.

Das Paradies aus erster Hand zählt neben den Hochalpen zu den letzten weitgehend unberührten, besonders wertvollen und empfindlichen Landschaften Deutschlands. Das Wattenmeer ist Lebensraum hochgradig spezialisierter Pflanzen und Tiere, die gegenüber Einflüssen von außen besonders sensibel sind. Zusammen mit der seltenen Landschaftsstruktur machen sie dieses vielseitige Feuchtgebiet zu einem einmaligen Küstenlebensraum von großer überregionaler Bedeutung.

Die unverwechselbare Küstenregion hat nach jahrzehntelanger Diskussion den nach dem Bundesnaturschutzgesetz höchstmöglichen Schutzstatus bekommen. Obwohl 70 % der Erde von Salzwasser bedeckt sind, gibt es ein Wattenmeer mit dieser Ausstattung kein zweites Mal. Der Nationalpark bietet nun Natur, Naturschutz und Bevölkerung kaum zu überschätzende Chancen.

Wir wünschen Ihnen erlebnisreiche Stunden, Tage und Wochen im Nationalpark Schleswig-Holsteinisches Wattenmeer.

Inhalt

Seit Goethe wissen wir, daß der Mensch nur das sieht, was er weiß. Dieses Taschenbuch soll mithelfen, Ihnen die Augen zu öffnen und den Gästen aus nah und fern dieses immer wieder faszinierende Wattenmeer und seine Phänomene zu deuten. Dabei wird versucht, die Landschaft ökologisch, ganzheitlich vorzustellen und nicht nur Pflanzen- und Tierwelt, sondern auch Boden, Wasser und Klima, nicht zuletzt auch die vom Menschen ausgehenden Einflüsse zu beschreiben.

Verfasser und Verlag danken allen, die zum Gelingen des Nationalparkführers beigetragen haben. Besonders dankbar sind wir dem Nationalparkamt für das Durchsehen und Ergänzen des Manuskripts. Für Änderungs- und Verbesserungsvorschläge sind wir dankbar.

Nationalpark
Schleswig-
Holsteinisches
Wattenmeer

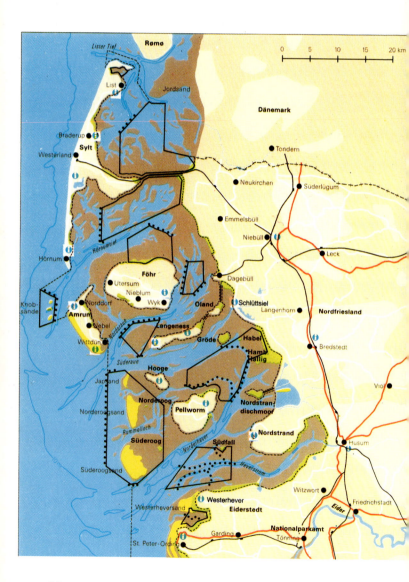

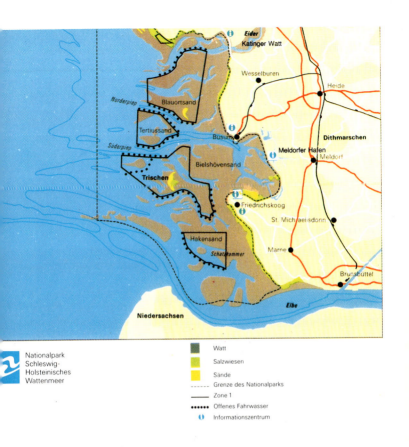

Nationalpark
Schleswig-
Holsteinisches
Wattenmeer

Watt	(dark green)
Salzwiesen	(light green)
Sände	(yellow)
- - - - - -	Grenze des Nationalparks
————	Zone 1
••••••	Offenes Fahrwasser
◔	Informationszentrum

Gesamtfläche: 285 000 ha/2850 qkm, Nord-Südausdehnung: 140 km,
Größte Ost-Westausdehnung: 40 km. Zum Nationalpark gehören die
Insel Trischen und die Halligen Habel, Hamburger Hallig, Norderoog,
Südfall und Süderoog

Landschaft der Vielfalt

Ständiger Wandel

Beim ersten Besuch der Nordsee sind nicht wenige Gäste enttäuscht. Nach dem Ersteigen des Deichs ist weit und breit kein Wasser zu sehen. Trocken das grüne Vorland, grau dahinter das leer gelaufene Watt und am Horizont einige Unebenheiten. Wenige Stunden später schon bringt der nächste Blick über den Deich bei hohem Wasserstand ein ganz anderes Bild. Die Nordsee ist wieder da, das *amphibische Watt* zum Wattenmeer geworden.

Gleich, wo man in das amphibische Zwischenreich von Land und See sieht: Immer erweckt es den Eindruck grenzenloser Weite. Dabei ist das schleswig-holsteinische Watt nur ein Teil des 500 km langen, 5 bis 25 km breiten und 8000 qkm messenden Wattenmeeres zwischen Esbjerg in Dänemark und Den Helder in der Niederlande. 60 % davon liegen vor der 250 km langen Küste des nördlichsten Bundeslandes, 30 % vor der niederländischen und 10 % vor der dänischen Küste. Nach übereinstimmender Meinung von Geographen ist es das *Herzstück der größten Wattlandschaft der Welt.* Einmalige Großstrukturen mit Salzwiesen, Halligen, Sandbänken und mehreren Watt-Typen machen dieses auch international bedeutende Feuchtgebiet durch Vernetzung und allmähliche Übergänge noch wertvoller.

Das Bleibende ist im Wattenmeer der *ständige Wechsel:* Ebbe und Flut, abwechselnd Land und See, Stille und Sturm, Sedimentation und Erosion, spiegelglatte See und sturmgepeitschte Nordsee, geheimnisvolles Wattknistern und Orkanböen, blaues Hochsommerwasser und braune Herbstwogen, tiefblauer Urlauberhimmel und gewitterschwere Nolde-Wolken, strahlende Sonne und undurchdringlicher Nebel, dunkelgrauer Schlick und blendendweiße Sände, Reißbrettordnung im Vorland und naturgeprägte Priele davor, festliegende Deiche und fließende Grenzen von Land und See, mittendrin winzige Halligen und am Horizont große Bäderinseln.

Das Wasser ist ständig in Bewegung. Auch ohne Einwirkung des Windes fließt es immer. Nur wenn es kentert, steht es kurze Zeit still und wechselt die Strömungsrich-

tung. Der *periodische Wechsel* sorgt für ein ständig sich veränderndes Gesamtbild der Landschaft. Land und Meer berühren sich in dem von Mond, Sonne und Erde vorgegebenen Takt täglich an anderer Linie.

Von atmosphärisch-kosmischen und geologisch-biologischen Kräften gestaltete Wattenmeere gibt es an allen Erdteilen mit Gezeiten und Flachküste, wo in geschützten Sedimentationsbereichen bei Meeresspiegelanstieg bzw. Küstensenkung genügend Sinkstoffe zugeführt werden. An der niederländisch-deutsch-dänischen Küste trifft das so großflächig zu, daß es zum größten Wattenmeer der Welt, zu einem einzigartigen Naturraum wurde. Nur wenige europäische Landschaften weisen eine solche *Vielfalt unterschiedlicher Landschaftselemente*, eine so typische Abfolge, Kombination und Verzahnung von Strukturen auf wie das Sechsstundenland Wattenmeer.

Noch bunter wird das Wattenmeer in der *Vielfalt der Meinungen* über den ökologischen Zustand. Während es manche Autoren auf dem Wege der Besserung sehen, sprechen andere von einem Todeskandidaten Nordsee.

Extremer Lebensraum

Salz auf Straßen läßt Bäume, zu starkes Begießen Topfblumen absterben und Sturm auf dem Festland die Bäume braun werden. Im Wattenmeer gedeihen viele Pflanzen ohne Salz nicht, überstehen andere ohne weiteres Überflutungen und zeigen nicht wenige Arten nach Stürmen keinerlei Schäden. Hinzu kommen rasch wechselnde Anteile des Wassers an Salz und Sauerstoff, Trockenliegezeiten, das Verdriften in der Strömung, die Beanspruchung in der Brandung, große tägliche und jahreszeitliche Temperaturschwankungen. Wie kommt es angesichts dort herrschender Lebensbedingungen zu dieser enormen Anpassungsfähigkeit? Die Pflanzen und Tiere des Wattenmeeres haben im Laufe von Jahrmillionen spezielle Mechanismen und Überlebensstrategien entwickelt; besondere Lebens- und Überlebensgemeinschaften, *hochspezialisierte Ökosysteme* haben sich herausgebildet.

Wir finden im Vorland *eigenartig geformte Pflanzen*: kakteenförmigen Queller und dickblättrigen Strandwegerich. Alle Arten vertragen das für viele Festlandpflanzen giftige Salz. Der Lebensraum hat eine Fülle von aufschlußreichen Anpassungsformen entwickelt. So gedeiht der Strandflieder nur, wenn er überflutet wird.

Auch in der Tierwelt gibt es erstaunlich *gut funktionierende Anpassungsformen*. Im Vergleich zum Festland sind es relativ wenige Spezialisten, die sich an den Wechsel von Ebbe und Flut, höchste Salzkonzentration und Fast-Süßwasser, Wellenenergie und Winddruck anpassen konnten. Nur wenige Konkurrenten machen den hier heimischen Tieren den stets gut gedeckten Tisch streitig. Das hat zur Folge, daß das große Nahrungsangebot von nur wenigen Arten in Anspruch genommen wird und diese dann in enormen Zahlen auftreten können. Ein *Schlaraffenland für die* diesen Gegebenheiten *angepaßten Tiergruppen*. Bis zu zwei Millionen Organismen, darunter 300 000 Kleintiere, leben in einer kaum vorstellbaren Bevölkerungsdichte unter einem Quadratmeter Wattenmeer. 200 diesem Lebensraum harter Bedingungen angepaßte Arten und Rassen von Tieren kommen nur im Wattenmeer vor. Darunter

ist aber keine Art, die ausschließlich im schleswig-holsteinischen Wattenmeer heimisch ist.

Besonders deutlich wird uns das reiche Nahrungsangebot angesichts der Vogelschwärme, die während der Zugzeiten hier rasten. Im holländisch-deutsch-dänischen Wattenmeer brüten etwa 500 000 Vögel, aber weit mehr als fünf Millionen eurasischer Wat-, Wasser-, Küsten- und Seevögel machen hier Rast auf ihren Durchzügen. Bis zu drei Millionen halten sich gleichzeitig im Wattenmeer auf. Ihnen steht eine *unerschöpfliche Nahrungsquelle* zur Verfügung. So hat sich das Wattenmeer zu einem der vogelreichsten Gebiete der Erde entwickelt, in dem Nahrungs-, Wohn- und Rastraum unmittelbar nebeneinander liegen. Wie in einem riesigen biologischen Brennpunkt treffen sich jedes Jahr im Frühling und im Herbst aus ganz Nordeurasien Vögel in Zahlen, die nur geschätzt werden können.

Einen ersten Eindruck vom Wechsel der Lebensbedingungen bietet uns – wie auf den beiden Fotos oben – ein Blick in das Wattenmeer bei Niedrig- und 6 Stunden später bei Hochwasser.

Im Wechsel der Jahreszeiten

Im *Frühling* suchen bisher nur Erholungbewußte und Naturfreunde das Wattenmeer auf. Noch liegen die Fahrgastschiffe im Winterquartier, ist es für Wattwanderungen zu kalt und der Urlaub noch nicht in Sicht. Mehr und mehr wird Senioren und Kränkelnden von Ärzten geraten, dann das Heilklima an Küste und Watt zu nutzen. Ertragreiche Stunden warten dann auf den natur-, vor allem den vogelkundlich interessierten Besucher. Über 100 Vogelarten bevölkern dann das Wattenmeer, ständig auf der Suche nach Nahrung und ruhigen Plätzen für die Hochwasserzeiten.

Der *Frühsommer* ist für die meisten Tiergruppen, vor allem für die Vogelwelt, die Zeit der Werbung und Fortpflanzung. Köstlich dann zu beobachten, wie sich die Herren Austernfischer um die Partnerinnen bemühen, die Seeschwälberiche ihren Weibchen Fische vor den Schnabel legen, die Rotschenkelmännchen um die Gunst der Weibchen üdeln.

Im *Hochsommer* liegt der Gast am liebsten im warmen Sand oder auf dem dichten Rasen, badet ausgiebig in der spiegelglatten See und läßt sich bräunen. Daß er dieses ohne Komplikationen und mit dauerhafter Wirkung beim Wattwandern erzielt, ist viel zu wenig bekannt. Nicht selten ist der Naturfreund enttäuscht über die wenigen dann zu beobachtenden Vögel. Die Jungen der hier brütenden Arten sind dann flügge und in ihren Nahrungsrevieren, nicht selten auf den fernen Außensänden.

Der *Herbst* ist wie der Frühling wieder die Zeit des Vogelzugs. Meist setzt er schon im August ein und erreicht seinen Höhepunkt für die Watvögel im September, für die Enten und Gänse erst im Oktober.

Einen eisreichen *Winter* gibt es in diesem Seeklima nur alle drei, vier Jahre. Dann aber ist das Wattenmeer von einem ästhetischen Reiz, wie ihn sich die meisten Sommerurlauber nicht vorstellen können. Bei Temperaturen um minus 10, 15 Grad fließt das Wasser, befrachtet mit ersten Eisschollen, langsamer durch die Priele. Bei längerem Frost treiben immer größer werdende Eisschollen durch das Wattenmeer, bei Niedrigwasssser auf dem Schlick liegend, bei aufkommendem Wasser sich wieder in

Bewegung setzend. Draußen wachsen große Eisblöcke und
-platten, von Strömungen gespenstisch hin und her und
gegen- und aufeinandergeschoben. Große Packeisfelder
beruhigen das Wasser, werden mitunter aber zur Gefahr für
Deiche und Halligen. An stillen Tagen ist dann vom Deich
aus ein unheimliches Mahlen und Knirschen, Poltern und
Bersten zu hören. Das eigenartig blau erscheinende Wasser
ist nur noch auf kleinen Flächen offen. Eisschollen so groß
wie Fußballfelder liegen bei niedrigem Wasser einem über-
dimensionalen Puzzle gleich auf dem fast schwarzen Watt
und versperren bei Hochwasser oft auch größeren Schiffen
den Weg zu Halligen und Inseln. Wenn nach wochenlan-
gem Frost starker Westwind aufkommt, ersticken Halligen
und Deiche oft in einer Eisflut. Ganze Berge von Packeis-
schollen werden dann auf die Halligen, in die Häfen und
auf die Deiche gedrückt, hinterlassen im Grasland tiefe
Spuren und Löcher. Nicht selten sind dann die Halligen
und die Insel Pellworm mehrere Wochen vom Festland
abgeschnitten oder nur mit Hilfe von Seenotrettungskreu-
zern erreichbar.

Wertvolles Vorland

Schutz vor Sturmfluten / Deiche und Salzweiden

Ein *Deichspaziergang* steht oft am Anfang eines Urlaubs auf dem Festland. In der Landschaft ohne Berge sind die etwa 8 m hohen Deiche eine willkommene Möglichkeit, das Land davor und dahinter gleichzeitig überblicken zu können.

Daß *sichere Deiche* für die Marschenbewohner von existenzieller Bedeutung sind, weiß der Urlauber aus einer Vielzahl von Berichten der Medien über Sturmfluten. Ihre steigende Zahl macht die Deiche, wegen ihrer Bedeutung auch „Goldene Ringe" genannt, noch wertvoller. Sie haben an der Westküste des Landes zwischen den Meeren eine Länge von über 400 km und schützen mit modernen Profilen mehr als 150 Köge. Deichverstärkungen sollen die Deiche für die nächsten Jahrzehnte wehrhaft bleiben lassen. Wenn das Eindeichen von Vorland nicht zu vermeiden ist, schreibt das Landschaftspflegegesetz Ausgleichsmaßnahmen vor. Neues Vorland entsteht erst in 20 bis 40 Jahren.

Schafe halten das Gras auf den Deichen kurz und treten den Boden der Grasnarbe fest, ohne, wie Rinder, Trittspuren zu hinterlassen und beißen die Gräser ab, ohne sie herauszureißen. Man sagt den Schafen nach, sie hätten goldene Zähne und Hufe.

Die meisten *Landesschutzdeiche* haben einen Sandkern und darauf einen etwa 1 m dicken Kleimantel mit aufgelegten Grassoden oder eingesätem Rasen. Am unteren Ende der Außenböschung werden oft Soden mit Andelgras ausgelegt, weil sie gegenüber Salzwasser unempfindlich sind. Nach oben folgen Rotschwingel und weitere Süßgräser.

Der erste Blick vom Deich geht meistens über das Vorland hinweg. 7800 ha, 2,5 % des Wattenmeeres sind *Vorländereien*. Darauf weiden 33 000 Schafe, etwa 4 auf jedem ha. Überwiegend durch Lahnungsbau und Grüppen entstanden, liegen die Salzwiesen etwa 10 bis 50 cm über dem mittleren Hochwasser und bilden im Küstenschutz eine wichtige Energie-Verzehrzone. Sie ersparen teure Deichdeckwerke, verhindern ein Unterspülen des Deiches und entlasten die Deiche, indem sie bei Sturmfluten große Energiemengen des auflaufenden Wassers binden.

2200 ha, das sind etwa 30 % des Vorlandes, werden nicht mehr beweidet. Intensives Beweiden führt zu einem Golfrasen. Melden, Strandaster und Dreizack werden auch bei extensiver Beweidung zurückgedrängt. Andel, Queller und Salzbinse werden durch Schafverbiß im Wachstum begünstigt. Grasnelke, Strandflieder und Strandbeifuß werden kaum gefressen. Kräuter werden bevorzugt gefressen, während Gräser weniger vertritt- und verbißempfindlich sind. Eine *natürliche Vegetation* kann sich auch bei einer extensiven Beweidung nicht entwickeln. Deshalb soll die Beweidung im Nationalpark großflächig eingestellt werden. Extensive Beweidung soll nach den Vorgaben des Naturschutzes erfolgen.

Es wird angestrebt, das Reduzieren der Beweidung ohne Gefährdung der Existenzen der Schäfer zu erreichen. Die Deiche, ein ihnen vorgelagerter schmaler Salzwiesenstreifen und die zur Deicherhaltung notwendigen Sodenflächen sollen weiterhin intensiv beweidet werden.

Lahnungen und Grüppen

Oberflächlich betrachtet erscheinen Grüppen und Lahnungen im Vorland oft als Fremdkörper. Wie auf dem Reißbrett vorgezeichnet bilden die Grüppen schnurgerade Vertiefungen, die weiter draußen in geometrisch genaue Längs- und Querlahnungen übergehen. Erst bei näherem Hinsehen wird klar, daß sie wesentliche *Bestandteile des Küstenschutzes* sind, die die Gewinnung von Vorland wesentlich beschleunigen.

Schon mehrere hundert Meter vor dem Deich weisen *Lahnungen* auf erste Maßnahmen des Küstenschutzes hin. Mit Motorrammen im Abstand von 40 cm in Doppelreihen gesetzte, etwa 2 m lange Pfähle werden mit Stroh, Besenheide und Faschinen (Fichten-Reisigbündeln) vollgepackt und mit Draht kreuzweise verspannt. Fertiggestellt haben sie eine Höhe von etwa einem Meter und sind oft mit einem Anwurf von Schlick versehen. Alle drei Jahre muß der die Lahnung schützende Anwurf erneuert und die Lahnung nachgepackt werden. Die Lahnungsfelder messen etwa 300 mal 400 m. Seewärts gelegene Durchlässe lassen das Wasser in die Felder einfließen. Nicht selten zieht das winterliche Eis beim Aufschwimmen Lahnungen aus dem Boden, so daß sie erneuert werden müssen. Das Material wird durch Schuten (große Boote mit geringem Tiefgang und ohne eigenen Antrieb) bei Hochwasser herangeschleppt. Die schwere, bei jedem Wetter von den Wasserbauwerkern zu verrichtende Arbeit ist weitgehend von den Gezeiten abhängig. Die Buschlahnungen dämpfen Strömung und Wellenbewegung, schaffen so *Stillwasserzonen*, in denen verstärkt Schlick abgesetzt wird. So kann der Boden jährlich um durchschnittlich 3 cm angehoben und das Vorland vergrößert werden.

Wenn die Wattoberfläche eine Höhe von 30 cm unter dem mittleren Hochwasser erreicht hat, werden in Deichnähe im Abstand von 10 m *Grüppen* ausgehoben. Das Material aus den 2 m breiten und 50 cm tiefen Gräben wird in die Mitte der dazwischen liegenden Beete gebracht. Bis vor 20 Jahren mit dem schmalen Spaten von Hand ausgeworfen, wird diese sehr schwere Arbeit im knietiefen Schlick nun von Hydraulik-Wattbaggern erledigt. Er

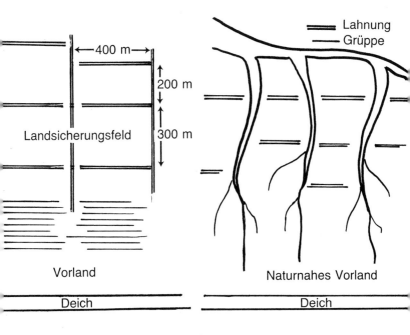

besteht aus einem Stahlschwimmkörper mit Greifaggregat, ist erstaunlich manövrierfähig, kann sich am verankerten Seil weiterziehen und mit Hilfe des Löffels nach allen Seiten bewegen. Er kann, von einem Motorboot gezogen, sogar schwimmen. Zunächst breit und tief, ebnen sich die Grüppen bald ein und bilden flache Wannen. Durch das Grüppen wird die Wattoberfläche aufgehöht, die Beete können schneller trocknen, verfestigen und durch Pflanzen besiedelt werden. Das Begrüppen muß nach jedem Vollspülen der Grüppen mit Sedimenten etwa fünfmal wiederholt werden, bis die Höhe der Salzwiese erreicht ist.

Vor dem 150-m-Streifen werden Lahnungen gebaut, sofern Vorland gewonnen werden soll. Dies soll sich jedoch in Zukunft so natürlich wie möglich entwickeln. Es soll im Nationalpark soviel Küstenschutz wie nötig und Naturschutz wie möglich betrieben werden. Die Deiche müssen auch in Zukunft aus Küstenschutzgründen trocken gehalten werden.

Aufschlußreicher Spülsaum

Ein Bummel am Treibselwall entlang bringt immer Überraschungen. Vor allem Familien mit Kindern werden jedesmal fündig, wenn sie mit guten Augen und naturkriminalistischem Scharfblick die meist mehrfach nebeneinander, bei Spring- und Sturmflut besonders hoch liegenden Bänder von Angespültem durchsuchen. Sie verraten uns, wie hoch jeweils das Wasser während der letzten Flut im Vorland, auf der Hallig oder am Deich gestiegen war und uns das zu Füßen legte, was Wasser und Wind von nah und fern herantransportiert haben. Bei jedem *Treibselspaziergang* gibt es, abhängig von Jahreszeit und Windrichtung, andere Dinge in unterschiedlicher Zahl, naturgeschaffene und auch an falsch verstandene Freizügigkeit erinnernde Stücke zu finden.

Teek-Wall nennt man in Nordfriesland auf plattdeutsch die *Flutmarken der höchsten Wasserstände.* Es ist wohl die angeborene Freude am Suchen und Finden, die Küstenanwohner, Ausflügler und Urlauber, jung und alt am Strandanwurf stochernderweise entlanggehen läßt. Ohne tauchen zu müssen, sehen wir dann vor allem im Frühjahr und im Herbst auf lange Ketten von allem Möglichen, in die Welt unter Wasser. Wer nach einer Sturmflut der erste ist, hat noch alles vor sich, was die See zu bieten hat. Fischerkugeln, bizarr geformte Äste und echte Hanftampen zieren später im Urlauberzuhause Regale und Kellerbar.

Der Treibselwall ist zunächst *Friedhof des maritimen Lebensraumes.* Von Wasser und Wind fein säuberlich nach Gewicht sortiert, finden sich viele Reste der gleichen Art auf gleicher Höhe. Alles riecht angenehm nach Meer. Im Herbst stellt das abgestorbene und losgerissene Seegras den größten Anteil des Treibsels. Die längsten Flutzungen bringen dann auch Mauserfedern unterschiedlicher Vogelarten, von Helgoland kommende Großalgen (Zucker-, Finger- und Palmentang), grasgrünen Darmtang, appetitlichen Meersalat, braunen Knoten- und Blasentang. Zu verschiedenen Jahreszeiten bereichern Reste von Tieren den Friedhof der Nordsee: vertrocknete Seesterne (1), Laufbeine von Strandkrabben (2), Bündel von Blättermoostierchen (3),

pflanzenähnliches Seemoos (4), Rückenpanzer von Strandkrabben mit Seepocken (5), Eihüllen von Rochen (6), Panzer von Seeigeln (7), vertrocknete Steinpicker (8), Schulpe von Tintenfischen (9), aus früheren Wäldern stammendes Rollholz (10), Wohnröhren von Bäumchen- und Köcherwurm, mitunter ganze Wälle von Muschelschalen und Schneckengehäusen verschiedener Arten. Dung-, Schweb-, Tang- und Algenfliegen flüchten kurz gegen den Wind, wenn wir das Treibsel untersuchen. Zwischen den verrottenden Pflanzen springen Sandflöhe umher, Kleinspinnen verkriechen sich. Möwen, Austernfischer, Steinwälzer und mehrere Strandläuferarten suchen eifrig nach Freßbarem.

Einen häßlichen Anblick für den naturinteressierten Strandwanderer bilden die vielen Dosen, Flaschen, Glühbirnen, Plastikbehälter, Nylonseile und Styroporstücke.

Das Treibsel muß vom Deich aus Küstenschutzgründen *regelmäßig abgefahren* werden, weil es sonst die Grasnarbe absterben läßt und dann die Deichsicherheit nicht mehr gegeben ist.

Oft gesuchter Bernstein

Auch dem ruhigsten Urlauber läßt ein selbstgefundener Bernstein das Herz höher schlagen. Es gibt wohl nur wenige, die nicht gern ein Stück finden möchten. Wo man ihn finden könnte, wird von den meisten erfolgreichen Sammlern gern verraten. An sich gibt es kaum einen Ort, wo er nicht zu finden wäre. Auch weit im Binnenland fand man bei Tiefbauten und Kanalbaggerungen große Mengen des begehrten Scheinsteins. Am Strand sollte man zunächst vor dem Treibsel auf den „*Kaffeesatz*" (Braunkohlengrus) achten, der mit dem gleichen spezifischen Gewicht zusammen mit „verkohltem" Holz aus dem gleichen Material herausgewaschen wurde. Das geschieht vor allem dann, wenn nach längeren Ostwindperioden *Sturm aus Südwest* kommt. Schon vor Hochwasser und vor anderen Frühaufstehern auf dem Deich zu sein lohnt sich. Besonders ergiebig sind alle nach Südwesten offenen Buchten, Lahnungen und Buhnen. Häufig findet er sich auch in Netzen der Krabbenkutter.

Jährlich werden an der schleswig-holsteinischen Küste etwa 200 kg Bernstein gesammelt. Dazu zählen Stücke von 200 g. Bei St. Peter-Ording wurde vor einigen Jahren ein rübengroßes Stück von 855 Gramm gefunden. Oft sind die „Steine" von Seepocken besetzt oder von einer weißen Verwitterungsrinde (4) überzogen. Nur wenn er, auf Schafwolle gerieben und elektrisch aufgeladen, Zeitungspapierschnitzel anzieht, beim Klopfen an einen Zahn dumpf klickt oder mit angenehmem Geruch und stark rußend verbrennt, ist es *Bernstein*. In allen anderen Fällen ein weit schwererer Flintstein (6) oder Bierflaschenglas.

Der Bernstein ist hier nicht zu Hause. Er entstand vor etwa 40 bis 50 Millionen Jahren in der heutigen mittleren Ostsee in einem *Bernsteinwald* aus erstarrtem Harz von Kiefern. Schon damals trat es aus Millionen von Harzdrüsen aus, wenn der Baum nach Stürmen verletzt war. Die eiszeitlichen Gletscher brachten mit den Geschieben den Bernstein auch an unsere Westküste. Hier soll er in ähnlichen Mengen, aber tiefer liegen als an der Küste Ostpreußens. Wasserhell (3) bis dunkelbraun (2), meistens goldgelb (1) bis hellbraun (4) gefärbt, ist aus dem Börnstein (nieder-

deutsch „brennen") Bernstein geworden. An manchen Stücken (1) ist das tropfende Fließen des Harzes und das vom Harz überflossene Holz (2) noch zu erkennen. Der Finder freut sich auch über die meist kleinen, gebrochenen Stücke (3) und ist – ohne Rücksicht auf die Größe – in Deutschland Eigentümer des Fundes.

Schon die Steinzeitmenschen waren vom Bernstein fasziniert. Aus der Bronzezeit stammen viele Grabbeigaben. Vor 3000 Jahren war er *begehrtes Handelsobjekt.* Die Griechen nannten ihn Elektron, die nordfriesischen Inseln Elektriden.

In jedem 200sten Bernstein liegen – meist erst nach dem Schleifen sichtbar – als *Einschlüsse* Pflanzenteile (5), Fliegen, Mücken, Ameisen oder Käfer. In diesen natürlichen Särgen – ohne Sauerstoff und Verwesung – auf ideale Weise präpariert, geben sie heute Aufschluß über die Tierwelt Nordeuropas im Tertiär. Es muß damals in diesem subtropischen Klima große savannenartige Urwälder gegeben haben. Von den 3000 bisher in Bernstein festgestellten Tierarten sind inzwischen 30 %, überwiegend aus klimatischen Gründen, ausgestorben.

Unbekannte Salzwiese

Das Vorland ist für den Küstenschutz unverzichtbare Energieverzehrzone, für den Naturschutz ein wertvolles Saumbiotop. Daß die Vernetzung durch Vordeichungen mehrfach unterbrochen und wesentlich verkleinert wurde, ist von Naturschützern heftig kritisiert worden. Für den Schäfer sind 150-m-Streifen und Deiche Grundlage seiner Existenz, die schaffreien Salzwiesen davor unersetzliche *Rast-, Nahrungs- und Brutbiotope* für fast alle hier vorkommenden Wat-, Küsten- und Seevögel. Eine hohe Vegetation bremse das Wasser, sagen die einen, sie zerstöre liegend den für Deichverteidigung wichtigen Rasen, meinen die anderen. Wenn nicht beweidet wird, verschwänden viele Vögel, und Gänse seien auf schnabellanges Gras angewiesen, wird behauptet, und viele Gelege und Jungvögel fielen dem Weidevieh zum Opfer, wird durch Zahlen belegt. Niederländische Untersuchungen ergaben, daß extensiv oder nicht beweidete Vorländer schneller auflanden. Nicht überraschend, daß die Gestaltung des Vorlands zu den unter Küsten- und Naturschützern am meisten umstrittenen Themen des Wattenmeeres zählt. Bisher blieb nur an wenigen Abschnitten, oft durch Zufall, Vorland von der Beweidung ausgenommen, etwa östlich von Nordstrand und nördlich von Föhr.

Nicht weniger als 1500 Veröffentlichungen gibt es über die schleswig-holsteinischen Salzwiesen. Unregelmäßig überflutet, haben hier nur wenige Arten Überlebenschancen. Die meisten der hier lebenden Arten haben sich im Laufe ihrer Entwicklungsgeschichte so stark angepaßt, daß sie nur hier leben können. Durch großflächige Untersuchungen soll nun festgestellt werden, ob niedrigliegende Teile des Vorlandes ohne Beeinträchtigung des Küstenschutzes als Salzwiesen nutzungsfrei bleiben können. Genügend große, nebeneinander liegende Versuchsflächen stehen zur Verfügung, auf denen Gänseareale und Hochwasserrastplätze beweidet und pflanzenkundlich interessante Gebiete ungenutzt bleiben können. Dort kann sich die Salzwiese natürlich entwickeln. Daß damit das Landschaftsbild bereichert wird und unter den Urlaubern einen höheren Stellenwert bekommt, hat sich auf kleinen Flä-

chen schon erwiesen. Im Gegensatz zu den sich selbst überlassenen Festlandwiesen verbuschen und bewalden sich die Salzwiesen wegen der Überflutungen nicht und bilden so eine interessante Endgesellschaft. Das Ergebnis unbeeinflußter Entwicklung wäre eine *Hochstaudenflur* mit Strandflieder und Strandaster als Charakterarten sowie Prielrändern mit überhängender Vegetation.

Wo heute noch intensiv beweideter, artenarmer Rasen den Boden bedeckt, viele Pflanzen ohne Blüte und Frucht nur Kümmerformen bilden, könnte in Zukunft eine naturnahe Salzwiese *600 hochspezialisierten Arten* Lebensraum bieten. Sie unterliegen im Gegensatz zum Süßwasserbereich einer relativ geringen Konkurrenz und wurden im Laufe der Evolution zu Lebenskünstlern. Hier der Natur mehr Freiraum zu geben, wäre ein anschauliches Beispiel dafür, daß *Artenschutz erfolgreich nur durch Lebensraumschutz* betrieben werden kann. Die „Almen der Küste" entstehen in Buchten auch auf natürliche Weise, entwikkeln sich dann aber langsamer als in Lahnungs- und Grüppenbereichen.

Salzwiesen für die Vogelwelt

Erst wenn wir Naturfreunde von Wanderwegen aus in naturverbliebene Salzwiesen sehen, mit dem Fernglas die Austernfischer-Revierverteidigung beobachten oder ihnen mit dem Spektiv in die Augen sehen, erkennen wir den Tierreichtum dieses kaum beachteten Gebiets. Oft liegt noch Schnee, wenn der Kiebitz mit der Brut beginnt. Wenig später folgen in versteckten Mulden Feldlerche, in tiefliegenden Nestern Rotschenkel, in Nestern ohne Nistmaterial Austernfischer, in hochliegenden Mulden Säbler, in flachen Vertiefungen die Seeschwalbe und auf turmartigen Nisthaufen die Lachmöwe. Im Frühsommer gehen nicht selten bei hohem Wasser (Springtide) viele Gelege und noch nicht flügge Jungvögel verloren. Wenn die Landunter früh eintreten, legen die meisten Vögel noch nach. Bei spätem Landunter sind die Verluste oft katastrophal.

In der unbeweideten Salzwiese sind Gelege und Jungvögel nicht in der Gefahr, vom Weidevieh zertreten und getötet zu werden. Es jagt keine Brutvögel hoch, die ihre Eier dann räuberischen Möwen schutzlos überlassen. Das sagt uns Menschen, daß wir diese Bereiche während der Brutzeit auch *nicht betreten* dürfen. Nur zu leicht könnten Füchse und Wiesel nachts auf unseren Geruchspuren die Gelege ausnehmen.

Die *Vögel von etwa 100 Arten* suchen im Laufe des Jahres die Salzwiesen auf. Zu den Zugzeiten sind es Schwärme von mehreren zehntausend Gastvögeln, die um die Hochwasserzeiten zur Rast und zum Schlafen trockenes Land suchen. Das sind vor allem Alpenstrandläufer, Knutt, Austernfischer, Großbrachvogel, Rotschenkel, Pfuhlschnepfe und mehrere Enten- und Gänsearten. Im Winter fallen die Nebelkrähen auf. Seit die Vögel monatlich einmal von ornithologischen Vereinen gezählt werden, sind die Zahlen der Brutvögel und Durchzügler, Übersommerer und Überwinterer recht gut bekannt.

Die gefiederten Bewohner der Salzwiesen holen sich die Nahrung meistens aus dem Watt. Nicht selten ist zu beobachten, daß sie auch im Vorland Freßbares suchen. Die Auswahl ist groß. Ohrenlerche (kleinere Flüge), Berghänfling (große Schwärme) und Schneeammer (seltener)

suchen Queller- und Andelsamen. Die Vegetarier Ringelgans, Weißwangengans und Pfeifente suchen hier betont
das kurze Gras. Die Sumpfohreule jagt Mäuse, Kleinvögel
und Großinsekten. Auch Turmfalke, Mäusebussard, Mer-
lin, Sperber, Habicht, Rohrweihe und Wanderfalke jagen
dort. Etwa *1600 Wirbellosen-Arten* leben hier, die den
Vögeln als Ei, Larve, Puppe oder Insekt immer willkom-
men sind. Viele zählen zu den Parasiten und zu den räuberisch lebenden Arten. Der vom Menschen wenig, weit
mehr von Ebbe und Flut beeinflußte Lebensraum kennt
weder Regenwurm noch Maulwurf, so daß die von Sturmfluten geschaffene Schichtung im Boden erhalten bleibt.
Sie ist an Abbruchkanten oft deutlich zu erkennen.

40 Spinnen-Arten leben hier mit bis zu 1000 Tieren auf
einem qm. Mit ihnen bevölkern zahlreiche Spring-
schwänze, Milben, Zweiflügler, Zikaden, Blattläuse,
Schnaken, Zuckmücken, Laufkäfer und Marienkäfer den
Boden zwischen den weit bekannteren Salzpflanzen. Viele
sind auf bestimmte Pflanzenarten spezialisiert, etwa die
Hälfte auch in anderen Lebensbereichen heimisch.

Lebendiges Watt

Zwischen Hoch- und Niedrigwasser

Zunächst sehen wir nur „Landschaft", kommt uns das Watt eintönig, einfarbig und einförmig vor. Nur die Priele bringen etwas Abwechslung in die Oberfläche. Je weiter sich die Nordsee zurückzieht, desto mehr präsentiert sie uns ihre Vielfalt. Auch dem nur flüchtig hinsehenden Gast fällt auf, daß hier nur *wenige Tierarten*, diese aber in unvorstellbar *hohen Individuenzahlen leben.*

Das Watt ist der namengebende Bereich des Wattenmeeres, der Teil des Wattenmeeres, der im Gezeitenrhythmus bei Hochwasser überflutet wird und bei Niedrigwasser trockenfällt. Die Germanen bezeichneten ein flaches Wasser als „wadet". Es hat das Watt etwas mit waten zu tun. Das können wir aber nur, wenn es um die Niedrigwasserzeit „trocken" ist, nicht dann, wenn es zwischendurch, mit der Nordsee vereint, Wasser trägt. Von den deutlich zu erkennenden *Wasserscheiden* aus fließt es, durch *Prielsysteme* gesammelt, bei Ebbe täglich zweimal in die offene See und ebenso oft, durch Tiefs und Priele verteilt, bei Flut wieder an die Küste. Dabei gönnt sich die Nordsee keine Pause: jedem Kentern des Wassers folgen Ebbe oder Flut. Einmal Meer, einmal Land, erscheint die Landschaft zwischen der Hoch- und der Niedrigwasserlinie jedem Nordseeurlauber bald als Landschaft ständigen Wandels.

Jede Tide weist einen anderen Tidenhub (Unterschied zwischen Hoch- und Niedrigwasser) auf. Er liegt zwischen 1,50 und 3,50 m und ist im Norden und auf offener See niedriger als im Süden und in den Buchten. Im Außenbereich strömt das Wasser schneller und lagert dort schweres und grobkörniges Material ab, im beruhigten Innenbereich vor allem feinen Schlick. Deshalb liegen die *Sandwatten* in Seenähe und an großen Prielen, die *Schlickwatten* in Küstennähe und dazwischen mit Feinsand und Schlick das *Mischwatt.* Je Tide werden etwa 200 000 Tonnen Sedimente umgelagert, bei Sturmfluten wesentlich mehr. Die stärksten Ablagerungen erfolgen beim oberen Kentern des Wassers.

Der Gezeitengürtel besticht durch eine hohe *biologische Produktivität.* Der Boden allein schon erzeugt zusammen

mit dem organischen Material aus der Nordsee mehr als eine gleich große Getreidefläche. Die dazu benötigten großen Mengen an Sauerstoff liefern die im Wasser assimilierenden Pflanzen und das ständig bewegte Wasser. Es nimmt bei Wellenschlag und Brandung viel Luftsauerstoff auf.

Das Schlickwatt ist reich an Kieselalgen, das Sandwatt reich an wirbellosen Tieren. Das dazwischen liegende Mischwatt ist von Pflanzen und Tieren am dichtesten besiedelt. Sowohl beim Aufnehmen der Nahrung als auch bei der Fortbewegung sind die Tiere der *Gezeitenperiodik* wunderbar angepaßt. Tiere, die nur eine kurzzeitige Überflutung vertragen, leben in den oberen, die lange im Wasser leben können in den unteren Bereichen. Viele Tiere leben im Boden und schützen sich so vor dem Vertrocknen und Verdriften. Löcher im Boden weisen auf unterirdisch lebende Würmer und Muscheln hin. Milliarden von Kleinstorganismen sind Nahrung für Würmer, Muscheln, Schnecken und Krebse. Diese wiederum dienen zahlreichen Fischen und Vögeln als Nahrung.

Glattes Schlickwatt

Geographisch unterscheidet man offene Watten (ohne schützende Inseln und Halligen), Rückseitenwatten (hinter Inseln und Sänden liegend) und Buchtenwatten. Ein wesentliches Merkmal der Watten ist ihr geringes Gefälle, oft weniger als 1 Promille (Höhenunterschied von 1 m auf 1000 m).

Im Schlickwatt quillt der Schlick zunächst butterweich zwischen den Zehen der Watwanderer hindurch. Bald aber umfängt er auch Knöchel und Waden. Als hätte man Schmierseife unter den zur Seite strebenden Füßen, so versuchen Gäste ohne Wattaufe das rettende feste Watt zu erreichen. Rechts und links der sich vorsichtig durch den Schlick mühenden Erstbegeher stehen Übereifrige unverrückbar fest oder liegen im weichen Grau schon lang. Man erspart sich einiges an Schadenfreude, wenn man dort ins Schlickwatt stapft, wo andere es ohne Umfallen geschafft haben. Das Neuland in Stiefeln durchqueren zu wollen, endet oft mit dem unwiederbringlichen Verlust der Fußbekleidung und einer Rückkehr in Socken. „Nichts wie Klakkermatsch, und darunter verstecken sich die Würmer. Zeitweise kann man darauf gehen." Das schrieb ein Schüler in seinem Aufsatz „Mein schönstes Ferienerlebnis".

Dem nicht selten knietiefen Schlick entsteigen Düfte, die verdächtig den heilenden Gerüchen eines Schwefelbades ähneln. Schwefelwasserstoff und Eisenverbindungen geben dem Schlick (keine Oxydationsschicht) die graue Farbe und den *typischen Geruch.* Schlick besteht aus feinen mineralischen Bestandteilen (Feinsand), abgestorbenem Plankton, Stoffwechselprodukten von Tieren und den Resten von Pflanzen und Tieren. An organischen Anteilen besonders reich und durch das bewegte Wasser gut mit Sauerstoff versorgt, ist das lichtreiche Watt ein geradezu idealer Lebensraum für Angepaßte. Die sich ständig vermehrenden und wachsenden Organismen sind Fischen, Vögeln und Säugern eine *unerschöpfliche Nahrungsquelle.* Ob unter Wasser stehend oder trocken, sommers oder winters, der Tisch ist immer reich gedeckt.

Vor allem an den Prielrändern fällt uns ein Gewimmel von Vogelspuren auf. Sie wären nicht da, wenn es für die

Watvögel nichts zu finden gäbe. Mit Glück können wir sie beim Sammeln und Stochern beobachten. Sie nur aufgrund der Spuren zu identifizieren, ist schwierig.

Schade, daß man das weiche Schlickwatt meistens so schnell wie möglich wieder verläßt. Es ist auch in dieser wenig einladenden Zone des Watts viel zu sehen. Es „blüht" zeitweise durch die *Massenentwicklung blaugrüner und olivbrauner Algen.* Die von ihnen gebildeten Häute überleben das nächste Hochwasser nicht. Sandklaffmuscheln sind dort häufiger als im sandigen Mischwatt, Pfeffermuscheln fast nur hier vertreten.

Eindrucksvoll ist das Schlickwatt an windstillen, warmen Hochsommerabenden. Dann ist das *Wattsingen* zu hören. Das feine Knistern wird von unzähligen Schlickkrebsen verursacht, die über ihren Wohnröhren winzige Bläschen platzen lassen. Von Theodor Storm feinsinnig beschrieben und von Wissenschaftlern erst in jüngster Zeit ergründet, ist das Wattsingen neben dem Meeresleuchten und den Sturmfluten eines der eindrucksvollsten Phänomene des Wattenmeeres.

Reiches Mischwatt

Wenn wir die küstennahen schlickigen Bereiche hinter uns haben, wird das Watt fester. Von flachen Wellen kreuz und quer durchzogen, lädt es ein zum Ausschreiten, zumal zunächst nicht viel zu sehen ist. Der erste Eindruck täuscht auch hier. Bei längerem Hinsehen und behutsamem In-den-Boden-gehen stößt der für die Wunder der Natur offene Gast auf *unvorstellbare Zahlen interessanter Arten*, auf ideale Anpassungsformen und viele originelle Verhaltensweisen der Mischwattbewohner. Der Feinsandboden wimmelt geradezu von kleinen und kleinsten Tieren. Unter der geschickten Regie eines erfahrenen Wattführers sind sich nicht nur naturkundlich vorgebildete Binnenländer einig: Hier sind alle gut aufgehoben, die das Staunen noch nicht verlernt haben.

Der extreme Lebensraum mit seinem *hohen Nahrungsangebot* liegt in seiner Entstehung und in seinem Aufbau zwischen, in seiner ökologischen Bedeutung noch über Schlick- und Sandwatt. Flache Sandbuckel und baumartig verzweigte Priele bringen Abwechslung in die bei Sonne eigenartig glitzernde Landschaft. Das geringe Gefälle verschafft ihr Weite und weniger ausgeprägte Rippeln als das strömungsstärkere Sandwatt.

Auf Distanz bleibende Vogelschwärme lassen uns den Nahrungsreichtum ahnen. Sie nutzen – wie wir – die Stunden mit niedrigem Wasser. Während Säbler und Brandgans lieber im Schlickwatt bleiben, bevölkern fast alle anderen Vogelarten lieber das Mischwatt. Das läßt Rückschlüsse zu auf die *ungeheure Zahl hochspezialisierter Pflanzen und Tiere.* Man hat eine Biomasse von 0,5 kg je qm errechnet, zehnmal soviel wie am Boden der tiefen Nordsee.

Wenn Wattführer in Küsten-, Hallig- oder Inselnähe bleiben, haben sie neben den vorgeschriebenen Sicherheitsutensilien eine Grabforke, ein stabiles Küchensieb, helle Schalen und einen kräftigen Stock (zum In-das-Watt-Kratzen wattfrischer Informationen) dabei. Auf der Suche nach Lebendigem stößt man zunächst nur auf zahllose Löcher, kleine Vertiefungen, letzte Tierreste, originelle Kriechspuren, schwer zu deutende Fährten und Geläufe, aber kaum

auf Tiere. Sie haben sich zum Schutz vor dem Gefressenwerden und vor dem Verdriften in den Boden zurückgezogen. Zum Staunen kommen wir erst, wenn wir die mitgebrachten *Geräte des Wattführers* gebrauchen. Sieben wir in einer Pfütze oder in einem kleinen Priel eine Handvoll Watt aus, bleiben mit etwas Glück im Sieb Jungmuscheln aller Größen, Würmer jeder Länge und viele Schnecken zurück. Sie lassen sich, sachkundig sortiert und in die zum Teil mit Wasser gefüllten Schalen gebracht, gut beobachten. Von Vermutungen seiner Gäste ausgehend wird der Wattführer dann viel Interessantes und Originelles zu erzählen haben. *Wir geben alle lebenden Tiere wieder dem Watt zurück!* Das Watt genießt den strengsten Schutz, den die Gesetze vorsehen. Und Naturschutz ist unteilbar, schützt auch die kleinsten Organismen!

Mit dem auflaufenden Wasser wird die Wattoberfläche wieder richtig lebendig. Garnelenschwärme kommen hüpfenderweise, Strandkrabben schwimmen am Boden laufend heran, Jungfische und Kleinkrebse folgen dem sich erwärmenden Wasser.

Gerippeltes Sandwatt

„Sieht aus wie das Waschbrett im Museum", „Schaut aus wie Wellblech" oder „Wie eine Walhaut" kommentieren Wattwanderer die Straße unter dem Meer. Mitunter tut es richtig weh, wenn man mit bloßen Füßen läuft. Das soll die beste Massage für pflastermüde Großstadtfüße sein.

Typisch für das Mischwatt sind seine *Rippel* mit sehr verschiedenen Abständen von Kamm zu Kamm. Kleinrippel (kürzer als 0,5 m), Großrippel (bis 20 m) und Riesenrippel (mehr als 20 m Abstand) sind das Werk von Wasser und Strömungen unterschiedlicher Stärke. Vor allem die Schwingungen des Ebbstroms bauen sie auf. Die welligen Verformungen der Sandoberflächen zeigen Serien von Kämmen und Furchen. Sie entstehen bei einem bestimmten Verhältnis von Wassertiefe und Strömungsgeschwindigkeit quer zur Strömungsrichtung des ablaufenden Wassers. Je geringer die Geschwindigkeit des bewegten Wassers, um so geringer sind die Abstände zwischen den Kämmen. Unsymmetrische Rippel sind auf Strömungen zurückzuführen, symmetrische durch Wellen entstanden.

Der grobkörnige Sand aus der tieferen Nordsee und von benachbarten Geestinseln wird – nach Gewicht sortiert – nach kilometerlangen Wanderungen abgelegt und oft bald wieder weitertransportiert. Welche Korngrößen bewegt werden, hängt von der Kraft der Strömung ab. Das Sandwatt ist ein *Bereich stetigen Wandels,* der täglichen Zerstörung und der ständigen Auflandung bei nicht ruhender Dynamik. Bei Sturmfluten wird etwa 50mal soviel Sand transportiert wie bei einer normalen Flut.

Das Sandwatt enthält geringere Anteile an organischem Material, aber mehr Sauerstoff und wird im Gegensatz zu den Außensänden fast regelmäßig überflutet. Zwischen den Sandkörnchen sammelt sich Kapillarwasser, das zusammen mit Sink- und Nährstoffen des Wassers Lebensgrundlage ist für viele Kleintiere der *Sandlückenfauna.* Unter einem qm können es Millionen von Kleinlebewesen sein. Unter dem Mikroskop werden die winzigen Krebschen und Würmer sichtbar und die Welt des Winzigen ungemein interessant.

Ebenso eigenartig wie interessant ist auch das soge-

nannte *Farbstreifenwatt.* Unter der nicht mehr von Wind und Wasser umgeschichteten Oberfläche befindet sich eine von Blaualgen gefärbte blaugrüne Zone. Darunter fällt eine durch Schwefelbakterien rötlich gefärbte Schicht auf. Die unterste Schicht ist, wie auch im Mischwatt, durch Bakterien dunkelgrau gefärbt.

Nur ein kleiner Teil der Badestrände liegt im Nationalpark jenseits des 150-m-Streifens. Dort gibt es dann *Probleme,* wenn der Strand mit Fahrzeugen befahren wird. Am stärksten belastet ist der Strand von St. Peter-Ording. Bis zu 5000 Fahrzeuge stehen dort an schönen Badetagen zwischen Küste und Strand auf der Sandbank. Die Erlaubnis zum Befahren des Sandstrandes wurde widerrufen, so daß ab 1997 der Strand nicht mehr mit Autos befahren werden darf. Es kommt nun darauf an, bis dahin eine allseits befriedigende Dauerlösung zu finden. Das wird nicht leicht sein. Parkflächen hinter dem Deich und außerhalb der Wohngebiete, ein umweltfreundlicher Zubringerdienst mit Elekromobilen sowie Holzstege für Fußgänger und Radfahrer sind vorgeschlagen.

Priele und Tiefs

„Hier fließen die Bäche (bei Flut) bergauf" erklärt der Wattführer, auf einer der vielen Wasserscheiden stehend, seinen Anvertrauten. Kleine Rinnsale sammeln unter ihren Augen das glitzernde Wasser: Wir haben die Quelle eines großen *Prielsystems* vor uns und erleben, wie sich diese erdgeschichtlich ganz junge Landschaft unter unseren Augen auch heute noch ständig verändert. Die etwa ein Drittel des gesamten Wattenmeeres bedeckenden Priele und Tiefs fallen auch bei tiefstem Wasserstand nicht trocken, führen also immer Wasser. Vor Dithmarschen gibt es zwei große Prielsysteme, vor Nordfriesland fünf.

Dem Wasser folgend können wir deutlich seinen Weg und seine Arbeit im Watt beobachten. Die Rinnsale vereinigen sich zu Kleinprielen, die in den Schleifen deutlich zwei verschiedene Ufer aufweisen. Der *Prallhang* ist steil und zeigt eine Schichtung (Sturmflutschichtung). Er läßt öfters kleine Schollen ins Wasser platschen. Der gegenüber liegende *Gleithang* ist flach, besteht aus abgelegtem Sand und wird im Laufe der Zeit größer. Priele liegen nie schnurgerade in der Landschaft, sondern suchen, sich um festere Bereiche herumwindend, den leichtesten Weg. Auch die Neigung beeinflußt mit der Fließgeschwindigkeit die Richtung. So kommen die originellen, mal nach links, mal nach rechts ausschlagenden Formen (Mäander) zustande. Die Priele verlagern sich ständig. Nicht, wie oft vermutet wird, aufgrund der Drehung der Erde um sich selbst, sondern den weichsten Sedimenten folgend. Aus den „Bächen" werden, von links und rechts durch „Nebenflüsse" mit weiterem Wasser versorgt, reißende „Ströme". Dabei wiederholen sich Steil- und Flachufer, Abtrag und Ablagerung so, daß eine Luftaufnahme aus mehreren hundert Metern Höhe einem Foto aus Augenhöhe täuschend ähnlich sieht.

Auch die Priele und Rinnen haben ihre spezielle Pflanzen- und Tierwelt, sind *Lebensräume besonderer Art*. In sandigen Prielufern siedeln oft Bäumchenröhrenwürmer in großen Zahlen. Viele Vogelspuren sagen uns, daß dort infolge Prielverlagerung Würmer und Muscheln freigelegt wurden und starben. Ansammlungen von Muscheln weisen darauf hin, daß Prielabbrüche den Tieren zum Ver-

hängnis wurden. Im flachen Prielwasser kribbelt es oft an unseren Beinen, wenn Garnelen an sie stoßen. Einsiedlerkrebse in leeren Schneckengehäusen, Seenelken und Seerosen bleiben immer im tiefen Wasser. Strandkrabbe, Scholle, Butt, Flunder, Meeräsche, Dorsch und Hornfisch wandern bei Flut über das Watt und kehren bei Ebbe wieder in die Priele zurück.

Die großen Tiefs können wir nur per Schiff aufsuchen, nicht unmittelbar erleben. Daß sie für das Wattenmeer eine große Bedeutung haben, wird aus einigen Zahlen deutlich. Der Heverstrom zwischen Eiderstedt und Nordstrand verändert seine Tiefe kaum. Die *Norderhever*, vor 400 Jahren als Fallstief ein kleiner Priel und heute größter Wattstrom des nordfriesischen Wattenmeeres, vertiefte sich bei Gröde in 80 Jahren um 8 Meter, zwischen Südfall und Pellworm in der gleichen Zeit von 5 auf 28 Meter. In ihr strömen täglich zweimal 600 Mill. cbm mit 1m/Sek. land- und wieder seewärts. Durch das Lister und das Hörnumer Tief fließen in jeder Tide je 500 Mill. cbm Wasser ein und aus.

Einsame Außensände

Von allen Bereichen am seltensten aufgesucht, haben die Außensände für die dahinter liegenden Halligen, Inseln und Küstenabschnitte eine *existentielle Bedeutung*. Sie schlucken unvorstellbar große Mengen an Wellen- und Strömungsenergie, die sonst an Halligen, Inseln und Festlandsdeichen kaum zu berechnende Schäden anrichten würden.

Die Gletscher und Gletscherwasser der drei Eisvorstöße haben vor einigen hunderttausend Jahren große Mengen an Geschiebe (Kies, Sand, Schluff) hierher verfrachtet. Ein Teil davon wird seitdem ständig umgelagert, durch mächtige Strömungen zu Sandbänken aufgebaut und von Wind und Sturm zu Erstlingsdünen aufgeweht. *Ständige Veränderungen* sind dort die Regel. Sandbänke verlagern sich, Priele ändern Richtung, Tiefe und Form der Ufer. Auch große Sandbänke verschwinden in wenigen Jahren und werden irgendwo wieder aufgebaut.

Außer an der Westseite von Eiderstedt, wo große Sandflächen in Festlandsnähe liegen, gibt es sie nur im Außenbereich. Der Sand stammt aus Abbruchbereichen von Geestinseln und aus der Nordsee. Er wird von der Brandung auf den Strand gebracht und getrocknet vom Wind aufgenommen. Zu Kleindünen aufgeweht, können sich darauf vereinzelt auch Strandquecke und Meersenf, später Strandhafer und Strandroggen als Pionierpflanzen ansiedeln. Zu einem dichten oder hohen Bewuchs kommt es nicht, weil die Überflutungen des Winterhalbjahres ihn meistens wieder zerstören. Zu extrem sind die Lebensbedingungen: starke Winde, Flugsand, Trockenheit und Überflutungen. Die Außensände können als *fast vegetationsfrei* bezeichnet werden. Wind, Brandung und Überflutung verhindern, daß sich Feinsande und Nährstoffe absetzen, die Voraussetzung wären für eine größere Zahl von Pflanzen. Von Salz und Kieselalgen verklebt, bleibt der grobkörnige Sand nur zum Teil liegen. Sandfangzäune und das künstliche Pflanzen von Strandhafer haben sich nicht bewährt.

Auf den Außensänden ist der Tidenhub kleiner. Bei normalem Hochwasser werden sie nicht überflutet. Das

geschieht bei den nordfriesischen Außensänden dann,
wenn auch Hooge Landunter meldet. An den Westrändern
steht fast ständig die Brandung. Frei von Tieren sind sie
nicht. *Brutversuche* von Silbermöwen, Austernfischern,
Küsten- und Zwergseeschwalben, Sand- und Seeregenpfeifer bleiben meistens ohne Erfolg, weil Gelege oder Jungvögel oft Opfer von Übersandung oder höherer Wasserstände
werden. Nur wenige Bereiche liegen 1,50 m über dem
mittleren Hochwasser. Gern und in großen Zahlen werden
die weitgehend störungsfreien Außensände während der
Mauser- und Zugzeiten aufgesucht. Diese Sände liegen in
der Schutzzone 1 des Nationalparkes. Sie dürfen nicht
betreten werden.

Im Wattenmeer wird die Gesamtentwicklung vor allem
durch die steigenden Wasserstände, die Zunahme der
Sturmfluthäufigkeit und ihre längere Verweildauer
bestimmt. In der *Elbmündung* läuft durch die Trichter-
form das Wasser mit der Flut schneller und höher auf.
Außerdem läuft die Tidewelle schneller auf als der Ebb-
strom abläuft. Zusätzlich verursacht der Buchtenstau
höhere Hochwasserwerte. Das Salzwasser dringt bis
Glückstadt vor, die Tidewelle bis Geesthacht.

Sände im nordfriesischen Wattenmeer

Japsand, Norderoog- und Süderoogsand liegen in der Zone 1 des Nationalparkes; *es darf nur der Norden des Japsands betreten werden.* Die drei Außensände waren schon im Naturschutzgebiet nordfriesisches Wattenmeer, vor allem aus geologischen Gründen, Ruhezonen. Weit draußen liegend wurden sie oft in Planungsüberlegungen einbezogen. Kaum vorstellbar, daß auf den Sandbuckeln Feriensiedlungen mit Hubschrauberlandeplätzen entstehen sollten.

Vier ebenso breite wie tiefe und zwei kleine Wattströme führen das Wasser des Wattenmeeres und der offenen Nordsee um sie herum. Langgestreckt liegen die drei Sände schützend vor Hooge, Norderoog und Süderoog. Ob sie, sich um bis zu 15 m jährlich nach Osten verlagernd, auch in Zukunft die Halligen vor dem unmittelbaren Zugriff der Nordsee schützen werden? Im Westen der Sände ist zernagte *mittelalterliche Marsch* zu sehen.

Wind und Wellen gestalten die Oberfläche. Ostwinde hüllen sie in Sandwolken. Sturm und Regen bauen Kleindünen auf, Wind und Sonne ebnen sie wieder ein. Hinter jedem Hindernis bauen sich Minisandwehen auf. Im Hochsommer macht der blendendweiße, grobkörnige Sand die Sände zur *„Sahara der Nordsee".* Fischschuppenartige Gebilde, parallel oder kreuzförmig laufende Girlanden und Schwarzsandschlingen lassen auch erfahrene Wattkenner lange nach der Deutung suchen. Die 28 qkm messende eindrucksvolle Urnatur ist neben den Hochalpen unsere letzte. Von einer Sturmflut zur anderen ist das Gesamtbild neu.

Vor langer Zeit sollen sie weit größer und bewachsen gewesen sein. An der Westseite erinnern große Mengen von *Treibgut* daran, daß die Hallig- und Inselbewohner früher oft nach Sturmfluten zum „Strandingen" auf die Sände gingen.

Der *Japsand* ist die kleinste und niedrigste der drei Sandinseln. 2 km lang und 1 km breit, wird sie schon bei Springflut öfters überflutet. Bei ruhigem Wetter von einem Wattführer geführt, kann der Naturfreund ab Hallig Hooge

auf gut begehbarem Watt in einer halbstündigen Wanderung den „Jap" erreichen. Die freigegebene Nordspitze
bietet einen guten Einblick in die Strukturen und Probleme der Außensände.

Vom *Norderoogsand* wird der größte Teil nur bei Sturmfluten überlaufen. Nur vereinzelt brüten auf ihm Austernfischer, Silbermöwen und Küstenseeschwalben. Die Seeschwalben von Norderoog fischen dort in der Brandung der
tiefsichtigen Nordsee nach Tobiasfischchen.

Der 5 km lange und 3 km breite *Süderoogsand* ist mit
1600 ha unter den drei nordfriesischen der größte Außensand. Der ebenso dynamische wie labile Sand wandert
jährlich 30 m nach Osten. Etwa 70 Silbermöwenpaare
brüten dort, gelegentlich wie auf den anderen Außensänden auch Zwergseeschwalben und Seeregenpfeifer. Auf
einem früheren Schiffsfriedhof steht nun eine Rettungs-
bake mit Leuchtfeuer. Sonst von menschlichen Einflüssen
fast unberührt, ist der Sand im Spätsommer Mauser- und
zu den Zugzeiten bedeutender Ruheplatz für die Durchzügler. Im Frühherbst sind es bis zu 200 000 Vögel, vor allem
Knutts und Alpenstrandläufer.

Sände im Dithmarscher Wattenmeer

Dem interessierten Gast fällt die andere Struktur der Gezeitenküste im südlichen Teil des Nationalparks auf. Nur eine Insel, Trischen, liegt dort im wesentlich schmaleren Wattenmeer. Die Halligen fehlen ganz. Wesentlich häufiger als im Norden fallen zwischen Süderhever und Elbmündung lange, nach Westen zeigende *Sandwattzungen* auf: Linnen-Plate, Blauort-Sand, Bielshöven-Sand, Marner Plate und Hakensand. Norderpiep und Süderpiep trennen, Blauort und Tertius überragen sie.

Im Gegensatz zum nordfriesischen Watt ist dieses Watt geomorphologisch weniger gegliedert und weist auf den Sänden eine *ausgeglichene Gewinn-Verlust-Bilanz* auf.

Die Strömungsgeschwindigkeiten sind hier wegen des etwas höheren Tidenhubs infolge Buchtenstau (Büsum 3,20 m) größer, damit auch die vom Wasser getragenen Energien. Während die Außeneider stark versandet, räumen *Norder- und Süderpiep* ihr Bett ständig aus. So gibt es in der Trichtermündung der Eider für die Schiffahrt zunehmend Schwierigkeiten, während die Zufahrt nach Büsum offen bleibt.

Ein wesentlicher Teil des vor Dithmarschen anfallenden Schlicks stammt von der ostfriesischen Küste. Mit dem *Gezeitenstrom* über die Elbe verfrachtet, sterben im Brackwasser der Elbe viele Organismen ab. Das führt zu einem verstärkten Sedimentfall im Stauwasser der Gewässer nördlich der Elbe. Der wesentliche Sandtransport erfolgt – in Fortsetzung des dort von Süden nach Norden laufenden Gezeitenstroms – küstenparallel. Die von der Brandung im Außenbereich aufgewirbelten Sandmassen bauten daraus vor der Hevermündung und vor dem Norderpiep die Außensände, Riffe und Barren auf.

Tertius und Blauort wandern in jedem Jahr etwa 30 bis 50 m ostwärts, also auf die Küste zu. Tertius wurde in den letzten Jahrzehnten auf einen halben Meter unter der mittleren Hochwasserlinie abgetragen. Im Gegensatz dazu werden die Wattrücken zwischen Sänden und Tiefs jährlich einen cm höher. Erklären kann man diese Entwicklung bis jetzt nicht. Blauort liegt etwa 7 km vor der Küste, wuchs von 13 ha (1904) auf 55 ha (1969) und wird neuerdings wieder flacher. Die typische Bake steht jetzt wegen des ständigen Wanderns des Sandrückens an ihrem neunten Standort. Der hochwasserfreie Bereich ist zur Zeit dabei, an der Bake vorbei, ostwärts zu wandern. Tertius, Blauort sowie Trischen und der Hakensand liegen in der Zone 1 des Nationalparks, dürfen nicht betreten werden.

Auch im Dithmarscher Wattenmeer verändern sich die *Prielsysteme* ständig. Das Elbwasser arbeitet mit einem starken Sog am benachbarten Watt, was sich besonders an den festen Prall-, weniger an den schlickigen und sandigen Gleithängen der Prielkrümmungen auswirkt. Die Mündungen ins offene Meer (auch Seegats genannt) weisen wegen der langsamer werdenden Strömung und der geringeren Transportkraft eine starke Verästelung auf.

Die Sände rund um Trischen haben für die Vogelwelt eine besonders große Bedeutung. Außer den großen Möwenschwärmen hinter den Krabbenkuttern und den vielen Eiderenten in den Prielen bieten sie vor allem den mausernden Brandgänsen ideale Bedingungen. Im Juli und August versammeln sich dort etwa *100 000 Brandgänse aus ganz Nordwesteuropa.* Nach dem Abwerfen der Schwingenfedern vorübergehend flugunfähig, sind sie auf ständig Wasser führende Priele und ungestörte Wattflächen angewiesen. Bis zu 1000 Austernfischer halten sich je nach Wasserstand und Windlage auf unterschiedlich hoch liegenden Watten auf. Auf Nahrungsuche die Niedrigwasserflächen bevorzugend, folgen die großen Schwärme der Alpenstrandläufer (bis zu 10 000 Vögel) dem ab- und auflaufenden Wasser.

Der vor dem Speicherkoog Dithmarschen liegende *Helmsand* wurde durch Verbindungsdamm und Vordeichung fast landfest. Im 16. Jh. gab es auf Alt-Helmsand eine Warft mit einer Unterkunft für den Kuhhirten. Ab 17. Jh. ständig im Abbruch, wurde es ein Opfer der Sturmflut von 1570. Das heutige Helmsand war Ende des 18. Jh. 100 ha groß und wurde als Viehweide genutzt. Seitdem kleiner werdend, schützt Helmsand nun den überwiegend ohne Vorland liegenden Deich des Speicherkoogs und ist Brutplatz für Austernfischer, Rotschenkel, Küstenseeschwalbe und Lachmöwe. Die offenen Muschelfelder sind zum Nachteil der Zwergseeschwalben und zum Vorteil von Lach- und Sturmmöwen zugewachsen. Der Helmsand darf vom 15. April bis zum 30. Juni nicht betreten werden.

Einmalige Halligen

Entstehen und Vergehen

Von weitem wie Striche mit Unebenheiten aussehend, können sich auch Weitgereiste darunter nur schwer Inseln vorstellen. Beim Näherkommen entpuppen sich die winzigen Erhebungen als *Warften,* wie Perlen auf einer Schnur aufgezogen. Es sind die von den Ausflugsschiffen aus am häufigsten gesuchten Punkte.

Wenn man sie betritt, fällt zunächst das ebene *Grasland* auf. Die kleinen Halligen weisen relativ intakte Salzwiesen auf. Von mehr oder weniger natürlichen Prielen zerschnitten, werden sie von nur von 5 m hohen Warften überragt. Nur diese künstlich aufgetragenen Erdhügel weisen Häuser auf. Etwa 2 m breite Wirtschaftswege verbinden die Warften mit den Schiffsanlegern. Über sie kommt und geht alles, was diese Kleinstinseln mit dem Rest der Welt verbindet.

An den natürlich verbliebenen Abbruchkanten fallen – gleich Jahresringen – Schichten auf. Durch Muschel- oder Sandlagen getrennt, wurden sie durch Sturmfluten aufgetragen. Jede Sturmflut läßt das Marschland durch das dabei abgesetzte Material höher und – wenn sie nicht befestigt sind – an den Abbruchkanten kleiner werden. An den Sturmflutschichten läßt sich unschwer ablesen, daß der blanke Hans gibt und nimmt. Geben und Nehmen vollziehen sich vor allem in den Randbereichen. Deshalb sind sie höher als das bei Landunter zuerst blank stehende Zentrum. Die Halligen gleichen dann riesigen Schüsseln und melden jährlich bei mehr als einem Meter über dem normalen Hochwasser zwischen 5 und 70 Landunter. Dann ragen nur die Warften aus der aufgewühlten See. Nordstrandischmoor und die Hamburger Hallig sind Reste zerstörten Landes, Norderoog ist ein durch Aufschlickung zusammengewachsenes Dünengelände. Alle anderen Halligen sind Neuauflandungen, *Kinder der Sturmfluten.* Auf Resten zerstörter Moore in den letzten acht Jahrhunderten aufgewachsen, sind es erdgeschichtlich gesehen sehr junge Gebilde. Sturmfluten sind nicht nur Fluch, auch Segen. Sie bringen enorme Mengen an Sinkstoffen. Halligen gibt es nur vor der nordfriesischen Küste. Meeresspiegelschwan-

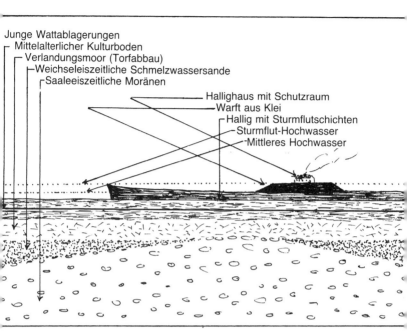

Junge Wattablagerungen
Mittelalterlicher Kulturboden
Verlandungsmoor (Torfabbau)
Weichseleiszeitliche Schmelzwassersande
Saaleeiszeitliche Moränen

Hallighaus mit Schutzraum
Warft aus Klei
Hallig mit Sturmflutschichten
Sturmflut-Hochwasser
Mittleres Hochwasser

kungen, Küstenhebungen und -senkungen haben sie in
einem komplizierten Zusammenspiel entstehen lassen.
Daß sie heute noch da sind, ist weitschauenden Männern
wie Eugen Träger zu verdanken. Sie haben erkannt, daß die
Halligen, so klein sie sind, im Küstenschutz eine große
Bedeutung haben. Als *Teil eines tiefgestaffelten Energie-
verzehrsystems* teilen sie mit Wattrücken und Sandbänken, Dämmen und Inseln die von Westen heranlaufenden
Wassermassen und lassen sie gegeneinander laufen. So
nehmen sich die Ströme gegenseitig enorme Energien, die
sonst auf die Deiche gebracht würden. Als natürliche Barrieren schützen sie nicht nur das Festland, sondern auch
das Wattenmeer. Vor den Außensänden wurden Wellen
von 8 m Höhe, an den Deichen von 1,5 m gemessen.

In einer Karte von 1637 sind 24 Halligen verzeichnet.
Nach anderen Quellen soll es damals *in der Uthlande 50
Halligen* gegeben haben. Ohne Küstenschutz verringerte
sich die Gesamtfläche der Halligen von 10 000 ha im
17. Jahrhundert auf 2200 ha von heute.

Fünf Halligen im Nationalpark

Nur die kleinen, dem Land Schleswig-Holstein gehörenden Halligen *Habel, Hamburger Hallig, Südfall* und *Süderoog* sowie die Vogelhallig *Norderoog* des Vereins Jordsand sind als typische Landschaftselemente Nordfrieslands Teile des Nationalparks. Hooge, Langeneß, Oland, Gröde und Nordstrandischmoor liegen wohl mitten drin, gehören dem Nationalpark aber nicht an. Von Dichtern oft beschrieben, von Malern in unzähligen Bildern dargestellt und durch die Medien gern den Binnenländern vorgestellt, sind die Halligen weit über die Landesgrenzen hinaus bekannt.

Nicht nur bei Sturmfluten, auch im Alltag sind Wattenmeer und Halligen eine *landschaftliche und ökologische Einheit.* Die Priele des Wattenmeeres und der Halligen stehen in Verbindung und bringen das Wasser gemeinsam in das Halligwatt, schaffen es vereint auch wieder nach draußen. Die Brutvögel der Halligen suchen ihre Nahrung im Watt und die Zugvögel ihre Hochwasserrastplätze auf den Halligen. Nicht selten sind dann, wenn die Marschlandfetzen bei Sturmfluten in der Nordsee verschwinden, die Warften für die Durchzügler letzte Zuflucht. Die Grenzen sind fließend, so daß man oft nicht weiß, ob man auf einem dieser seltsamen Augen der Nordsee oder noch im Wattenmeer ist.

Das etwa 0,5 bis 1,2 m über dem mittleren Hochwasser liegende, fruchtbare Grasland *wechselt oft die Grundfarbe.* Im Frühjahr ist es nach den Sturmfluten oft von den Meeresabsätzen graubraun, im Sommer erst sattgrün, dann durch die vielen Grasnelken rosa und im August vom Strandflieder violett. Im Herbst wechselt die Grundfarbe zum Dunkelgrün und im Winter mitunter durch Schnee und Eis zu einem grauen Weiß.

Weide- und Meedeland haben zu allen Jahreszeiten ihre gefiederten Gäste. Die *Brutvögel* suchen sich ihre Reviere nach der Höhe der Vegetation aus. Austernfischer und Seeschwalben bevorzugen das kurze Gras, Regenpfeifer offene Flächen und die Möwen Bereiche mit Halligheide und Meerstrandbeifuß. Leider gehen nicht selten die frühen Gelege durch Sturmfluten verloren. Im Herbst und Frühjahr wimmelt es vor allem um die Hochwasserzeit im

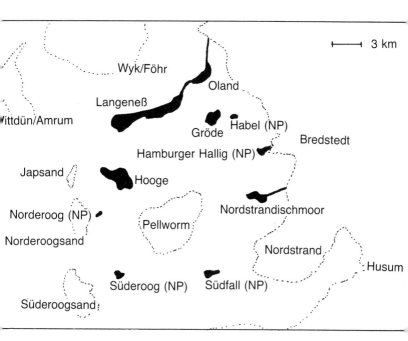

Uferbereich von *rastenden Watvögeln, Enten und Gänsen.*
Von den Ringelgänsen haben die Halligleute oft keine gute
Meinung. „Rottgöös fretten uns de Hoar vun'n Kopp",
behaupten sie und fürchten späte Landunter, die das Gras
nicht wachsen lassen. Seit den sechziger Jahren gibt es auf
den Halligen mehr Gänse, seitdem angeblich immer weniger Gras – und mehr „Schiet". Das Land Schleswig-Holstein gewährt im Rahmen des Halligprogramms als *Vergü-
tung* der für den Naturschutz erbrachten Leistungen, als
Ausgleich für Bewirtschaftungsauflagen und als *Erstattung*
für durch Ringelgänse verursachte Schäden Zuwendungen
an die Halliglandwirte.

Die Verkehrsverhältnisse sind sehr kompliziert. Die Versorgung erledigen flachgehende Schiffe. Die Post bringt das
Postboot oder ein Postbriefträger, der die Hallig erst nach
kilometerlangem Marsch erreicht. In kalten Wintern sind
die Mini-Inseln oft wochenlang von Treib- und Packeis
eingeschlossen. Die Bewohner dieser *Welt der Stille und
der Stürme* müssen auf vieles verzichten. Die Halligen
müssen aber bewohnt bleiben, weil sie unbewohnt auf
Dauer nicht zu erhalten wären.

Hamburger Hallig

Als einzige Hallig zu Fuß, auf dem Rad und im Auto zu erreichen, ist die Hamburger Hallig unter ihren 9 Schwestern auch die am meisten aufgesuchte. Vom Deich des Sönke-Nissen-Koogs aus ist zunächst nur Vorland zu sehen. Etwa 1 km vor dem Deich fällt eine kleine Warft auf, der Schafsberg. Bis nach der Halligwarft sind es insgesamt 4 km. Durch die Aufschlickung zu beiden Seiten des Dammes *fast zur Halbinsel* geworden, ist sie im Herbst und Winter bei hohem Wasser wieder eine Hallig. Dann kann man vom Deich aus ein Landunter beobachten, ein ebenso seltenes wie eindrucksvolles Erlebnis.

Der Fahrdamm verbindet mit seinem Plattenweg Deich und Hallig. Sperrzeiten beachten! Auf keinen Fall bei drohendem Landunter ins Vorland gehen oder fahren! Für die Einhaltung der Geschwindigkeitsbegrenzung sorgen auch eingelegte Schwellen. Ausflügler, Wattwanderer, Badegäste und Vogelkundler eines weiten Hinterlandes nutzen den befestigten Damm, um den Parkplatz auf der Hallig aufzusuchen. Zu einer *Straße der Höflichkeit* wird die Fahrspur, indem man an den Ausweichbuchten den Gegenverkehr abwartet und sich dann betont rechts hält. Der Plattenweg ist für Radfahrer und Fußgänger gedacht. Zu beachten ist, daß Schafe immer Vorfahrt haben. Auf der bewohnten Warft befindet sich eine Gastwirtschaft.

Fahrspur, Plattenweg, Parkplatz und eingefriedetes Badegelände dürfen nicht verlassen, die durch Pfähle markierten Brutplätze und Rastflächen nicht betreten werden. Bitte keine Hunde mitnehmen oder gar laufen lassen! Freilaufende Hunde hetzen gern Schafe, was dazu führen kann, daß sie sich verletzen oder in Gräben ertrinken. Hundehalter müssen die Schäden ersetzen. Durch Hunde werden vor allem im Frühsommer die Brutvögel (Seeschwalben, Austernfischer, Säbelschnäbler, Möwen) gestört, die es bei Landunter sowieso schwer haben, ihre Gelege bis zum Schlüpfen zu bebrüten und die Jungen aufzuziehen. Im Herbst und Frühjahr halten sich im Vorland Tausende von Gänsen (Weißwangen-, Ringel- und Brandgans), Enten (Stock-, Pfeif-, Spießente) und Watvögeln (Austernfischer, Säbelschnäbler, Alpenstrandläufer,

Knutt, Dunkler Wasserläufer, Großer Brachvogel, Pfuhlschnepfe, Goldregenpfeifer) auf. Sie dürfen nicht beunruhigt werden. Schon jetzt ist als willkommener National-
parkeffekt eine geringe Fluchtdistanz zu beobachten. Das
Umfeld der heutigen Hallig war bis 1628 Vorland von Alt-
Nordstrand und wurde von zwei Hamburger Kaufleuten
bedeicht. Der Amsinck-Koog wurde aber wieder zerstört,
und nur die Hallig von heute blieb. Um die Parallelströ-
mungen zu brechen, wurde 1859 der erste und 1875 der
zweite Damm gebaut. Seitdem entstanden nördlich und
südlich davon durch Auflandungen große Vorländereien,
die jetzt Deich und Hallig verbinden. Die Hallig mißt
110 ha, das Vorland ist weit größer.

Die Hamburger Hallig liegt in der Schutzzone 2 und ist
seit 1930 *Naturschutzgebiet,* betreut vom Naturschutzbund Deutschland. Der Vogelwärter wohnt auf dem
Schafsberg. Er freut sich über jeden interessierten Gast.
Seiner einfachen Behausung gegenüber wurde eine unbe-
weidete Versuchsparzelle eingerichtet. Darauf kann man
sehen, welche Pflanzen sich auf dem Vorland einfinden,
das nicht beweidet wird.

Habel

Die mit 3 ha *kleinste Hallig* ist vom Deich des Hauke-Haien-Koogs aus gut zu erkennen. Wie ein Wrack liegt die Handvoll Erde abwechselnd auf dem Trockenen und nach Stunden wieder im Wasser. Sie gehört zur Gemeinde Gröde und ist Eigentum des Landes Schleswig-Holstein. In der *Zone 1 des Nationalparks* liegend, darf sie nicht betreten werden. Alle anderen Halligen darf man zu bestimmten Zeiten und unter Führung, die größeren Halligen immer aufsuchen.

Mit einem Ausflugsschiff an Habel vorbeifahrend sieht man schon mehr. Die 600 m lange und 100 m breite Kleinstinsel ist seit 1953 von einem festen Deckwerk umgeben, hat eine recht naturnahe Vegetation, keinen Sommerdeich und trägt *eine Warft mit einem Haus.* Es ist ein Ständerbau mit Reetdach. Darin wohnt der Vogelwärter des Vereins Jordsand, der die Hallig gepachtet hat. Gelegentlich dient das Haus auch Wasserbauwerkern des Amts für Land- und Wasserwirtschaft Husum als Unterkunft, wenn sie dort Küstenschutzarbeiten zu verrichten haben. Da Habel nahe am Festland liegt, ist sie als Wellenbrecher für den Küstenschutz von besonderer Bedeutung.

Nördlich und südlich der Hallig weisen *Kulturspuren* auf die frühere Ausdehnung der Hallig und die Lebensweise ihrer Bewohner hin. Grabenreste und Pflugspuren laufen unter der Hallig hinweg, ein Beweis dafür, daß das Kulturland von 1362 viel tiefer lag. Deichreste und zerstörter Friedhof, Sodenbrunnen und Torfabbaufelder lassen auf eine große Siedlung schließen. Reste im Boden versenkter, wohl dem Sammeln von Brackwasser dienender Tonnen deuten hin auf Viehzucht auf einem Kulturland, das etwa 3 m unter der heutigen Halligoberfläche lag. Wahrscheinlich Rest des früheren Kirchspiels Habelum der Beltringharde, wurde Habel nach 1362 Hallig.

Vor 200 Jahren war Habel noch 30 ha groß. 1805 hatte sie noch 2 Warften, die Süderwarft mit 4 und die Norderwarft mit 3 Häusern. Die *7 Familien* ernährten sich vor allem durch die Viehzucht. 1825 ertrank bei der Halligsturmflut dort ein Zimmermann mit Frau und 8 Kindern. Vor 120 Jahren wurde die Süderwarft zerstört. 1905 wurde die nur

noch 18 ha messende Hallig von seinem letzten Besitzer, Kapitän Meinert Nommensen, für 4000 Mark an den Staat verkauft. 1923 verließ Frau Nommensen die Hallig, weil das Eiland zu klein geworden war, eine Familie zu ernähren.

Damit wurde die sterbende Hallig zu einem *Beispiel der Vergänglichkeit der Halligwelt.* Über Jahrhunderte auf sich selbst gestellt, hat der Staat dann die Verantwortung für sie übernommen. Die Pächter wechselten oft. Umfangreiche Uferbefestigungen sollen nun die Hallig vor einem weiteren Verfall bewahren. Ohne menschliches Zutun wären von den Halligen nur noch Reste da.

Natur und Naturschutz haben dort auf kleinster Fläche absoluten Vorrang. Die typische Halligvegetation kann sich dort weitgehend unbeeinflußt entwickeln, und die zahlreichen Brutvögel (Möwen, Seeschwalben, Austernfischer, Regenpfeifer) sowie die Ringelgänse als ruhe- und nahrungssuchende Gastvögel bleiben ungestört.

Südfall

Die zur Gemeinde Pellworm gehörende Rungholt-Hallig kann ab Husum per Ausflugsschiff, ab Nordstrand auf dem Pferdewagen oder zu Fuß erreicht werden. In jedem Falle ist ein *Betreten* der Hallig, seit 1959 Naturschutzgebiet, *nur mit einem autorisierten Führer* möglich. Jedes Jahr wird sie von etwa 5000 Ausflüglern aufgesucht. Eine Fußwanderung mit dem Wattführer dauert etwa eine Stunde. Die Gruppen betreten die Hallig an einer Stelle, wo sie, geradewegs auf die Warft zugehend, kaum stören. Schon aus Sicherheitsgründen sollte man die Wanderung nur geführt unternehmen. Besonders originell ist eine Wattenfahrt nach der Hallig. Zwischen Holzpfählen laufend, kennen die Pferde nach vielen Fahrten den Weg offensichtlich auswendig.

Begrüßt werden die Gruppen durch den *Vogelwärter des Vereins Jordsand.* Er ist gleichzeitig Schäfer des Halligpächters, als Wasserwerker des Amts für Land- und Wasserwirtschaft im Küstenschutz tätig und betreut auch die Station der Deutschen Gesellschaft zur Rettung Schiffbrüchiger. Als vom Nationalparkamt bestellter Landschaftswart ist es seine Aufgabe, den Gästestrom zu lenken und zu informieren. Die eine Warft (NN + 5 m) der 62 ha großen Hallig ist von zwei Personen bewohnt, überwiegend im Sommerhalbjahr. Das reetgedeckte Haus wurde in einem erfreulich landschaftsgerechten Stil errichtet. Sogar der kleine Glockenturm bekam eine Reethaube. Der Fething liefert nach wie vor das vom Dach herunter gesammelte Süßwasser für die Schafe. Die Halligoberfläche ist von tiefen Prielen zerfurcht, durch die das Seewasser ein- und bei Landunter ausläuft. Die Halligkanten sind größtenteils durch Steinpackungen geschützt. Sie haben den Nachteil, daß dahinter der Sandnachschub ausbleibt und die für die Brutvögel wichtige Muschelbank kleiner wird. Im Herbst und Frühjahr leben dort bis zu 2000 Ringelgänse. Etwa zwanzig 120 m lange Buhnen helfen mit, die Hallig vor weiterem Substanzverlust zu bewahren.

Südfall wird häufig *Rungholt-Hallig* genannt, hat aber mit der 1362 zerstörten Siedlung nur noch wenig zu tun. Die nach Liliencron reiche Siedlung lag wahrscheinlich

nordwestlich der heutigen Hallig und wurde bei der ersten Groten Mandränke bis auf wenige Reste zerstört. Nur noch wenige Kulturspuren erinnern an den oft genannten, von Busch, Dethleffsen und Wohlenberg gründlich erforschten Flecken. Die jetzige Hallig ist eine junge, 2 m dicke *Neuauflandung* auf altem Kulturland. Diese Entwicklung ist vor allem darauf zurückzuführen, daß das mittlere Hochwasser in 600 Jahren um 2 m gestiegen ist.

Nach 1362 lag Südfall südlich des Fallstiefs. Vor 1634 gab es Pläne, Südfall durch einen Deich vor der Bucht von Alt-Nordstrand zu einem Teil der Insel zu machen. Die zweite *Grote Mandränke* forderte allein auf Südfall 46 Tote und machte diese Pläne zunichte. Nicht selten hat man damals auch vom Strandraub gelebt. Während der Hallig-Sturmflut von 1825 ertranken alle 13 Bewohner der drei Warften Südfalls. Vor 100 Jahren noch war die Hallig doppelt so groß wie heute und trug 6 Häuser. 1954 vom Land Schleswig-Holstein für 20 000 DM gekauft, wird die Hallig nun von einem Nordstrander als Pächter im Einvernehmen mit dem Nationalparkamt bewirtschaftet.

Norderoog

Von Hooge aus hat man den Eindruck, es stünden im Süden am Horizont des Wattenmeeres riesige Tiere. Es sind die beiden Pfahlbauten auf der *Vogelhallig* Norderoog. Zwischen Hooge und ihr liegt ein Fußmarsch von 5 km durch Schlickfelder, Priele und Muschelbänke. Antreten darf man ihn nur, wenn ein Beauftragter der Gemeinde Hooge die Gruppe führt. Das ist nur außerhalb der Brutzeit möglich, ab 1. Juli bis Ende September. So wurde es zwischen dem Nationalparkamt, dem Verein Jordsand und der Gemeinde Hooge abgesprochen. Die Hallig liegt in der *Zone 1 des Nationalparks* und darf nur von geführten Kleingruppen aufgesucht werden.

Norderoog ist mit etwa 10 ha eine der kleinsten deutschen Nordseeinseln und doch international bekannt. Als *Mekka der Ornithologen* wird sie nicht nur von Wissenschaftlern, sondern auch von vielen Naturfreunden aufgesucht. Die niedrige Warft fällt kaum auf, um so mehr die Schutzhütte für Geräte und der Wohncontainer als Unterkunft für den Vogelwärter. Die 1866 als Unterkunft für Viehhüter und Heuernter errichtete Pfahlhütte und die Wilhelm-Wolf-Hütte mit Schlafraum, Küche, Eßecke und Informationsraum sind die einzigen Festbauten auf der schüsselförmigen, von zwei Prielen durchzogenen Hallig.

Norderoog wurde erstmalig 1597 als Norder-Oug (oog = fries. Auge) erwähnt. Wahrscheinlich ein Rest von Hwalae minor, schlickte eine Sicheldüne im Laufe der Jahrhunderte zu. An sich keine Hallig im vollen Sinn der Bezeichnung, verdankt Norderoog sein Bestehen einer unter ihr liegenden großen Sandplatte und dem westlich davon liegenden, Strömungs- und Windschutz bietenden Norderoogsand. Die winzige Insel hat viele *folgenschwere Sturmfluten* erlebt. 1802 noch 80 ha groß, wurde sie 1825 nach Verlust des Hauses aufgegeben.

1909 kaufte der *Seevogelschutzverein Jordsand* (nach einer kleinen Insel nordöstlich von Sylt benannt) für 12 000 Goldmark die Hallig. Seitdem betreut dieser wohl älteste Naturschutzverein Europas mit großem Einsatz die Insel der Vögel. Wegen der Bedeutung von Norderoog für den Naturschutz und für den flächenhaften Küstenschutz

übernehmen Bund und Land die Kosten für Baumaterial, Transport, Geräte und Bauleitung, während der Verein Jordsand als Träger die Arbeiten durchführt. Freiwillige Helfer aus dem In- und Ausland befestigen seit Jahren im Spätsommer die Kanten, bauen Lahnungen und Buhnen, verfüllen Meereseinbrüche und reparieren die Hütten.

Norderoog ist die *von Seevögeln am dichtesten besiedelte Hallig.* Neben vielen Möwen, Enten und Austernfischern brüten dort jährlich etwa 4000 Paare mehrerer Seeschwalbenarten. Die Brandseeschwalbe, größte unserer Seeschwalben, hat neben Trischen dort den einzigen ständigen Brutplatz. Von dieser sehr empfindlichen Art müssen Störungen ferngehalten werden, sonst wandert sie ab. Vor allem der langflügeligen Brandseeschwalbe bereitet die immer höher werdende Vegetation Schwierigkeiten. Der Ornithologe *Rolf Dirksen* machte die Hallig durch sein Buch „Insel der Vögel" bekannt. Ab 1909 war *Jens Wandt* als „König von Norderoog" dort Vogelwärter. 1950 wollte er nachts nach Norderoog zurückgehen, verirrte sich in dem ihm gut bekannten Watt und ertrank in einem Priel.

Süderoog

Die am weitesten im Westen liegende Hallig Süderoog ist schwer zu erreichen. Im Sommer gibt es mitunter die Gelegenheit, ab Husum, Nordstrand oder Pellworm die einsame Hallig auf einem Ausflugsschiff zu erreichen. Häufiger gehen ab Pellworm von einem Wattführer *geführte Gruppen* in zwei Stunden den 7 km weiten, recht anstrengenden Wattenweg. Da die Hallig zur Zone 1 gehört, darf nur die Warft aufgesucht werden. Schutzträger ist das Amt für Land- und Wasserwirtschaft Husum im Einvernehmen mit dem Nationalparkamt.

Die 60 ha große Hallig gehört zur Gemeinde Pellworm, trägt eine Warft mit einem *schönen Reetdachhaus,* einem Wirtschaftsgebäude, mehreren Gärten und dem größten Fething aller Halligen. Die Post wird dreimal wöchentlich durch einen Pellwormer zugestellt. Auch einen Telefonanschluß hat das Haus. Den Strom liefert ein Dieselgenerator. Der Pächter ist im Küsten- und Naturschutz beschäftigt.

Die Hallig wird von mäandrierenden Prielen durchzogen, die bei Sturmflut das Wasser zunächst in die Halligmitte führen und schließlich die Hallig blank stehen lassen. Sie hat keine natürliche Abbruchkante mehr. Das ist ein Hinweis auf ihre *Gefährdung durch Sand und tückische Priele.* 1711 war die Hallig noch 200 ha groß. Sie liegt auf einem Ausläufer des schützenden Süderoogsands. Für die Hallig Bestandsgarantie, wurde der Sand früher für Schiffe nicht selten zum Verderben. Im 16. Jh. mußte der Strand- und Wrackvogt zum Bergen sechs Knechte, zwei Pferde und Wagen bereithalten. Alles nur Erdenkliche wurde angetrieben: Bauhölzer, Stoffballen, Kautabak, Futtermittel, Apfelsinen. Mehrfach wurde das Haus von Seeräubern geplündert und in Brand gesteckt. An die *Strandungen* erinnert heute noch über der doppelteiligen Haustür die Gallionsfigur der 1870 gestrandeten spanischen Bark „Ulpiano".

Von 1924 bis 1950 war Süderoog die weit über die Landesgrenzen hinaus bekannte *Hallig der Jungs.* Hermann Neuton Paulsen hat in den Kämpfen um Verdun viel Leid erlebt, so daß er sich vornahm, sich nach dem Kriege der

Völkerverständigung zu widmen. Er richtete auf seiner
Hallig eine internationale Begegnungsstätte ein, in der sich
jeweils 60 bis 150 Jugendliche aus ganz Europa bei Spiel
und Sport, in der Begegnung mit Landwirtschaft und Natur
kennen und schätzen lernten. In der *Hermann-Neuton-
Paulsen-Gedächtnisstätte* sind nun unter dem Wahlspruch
„Vorwärts mit frischer Brise" Erinnerungsstücke des frühen Europäers zu sehen.

Süderoog wurde 1977 *Naturschutzgebiet.* Eine landwirtschaftliche Nutzung der Hallig erfolgt nach den Vorgaben
des Naturschutzes und des Küstenschutzes. Auf der
Grundlage eines Pflegeplanes werden Teile überhaupt
nicht genutzt, während andere Bereiche ganzjährig oder
erst nach Ende der Brutzeit mit Schafen extensiv begräst
werden. Die Hallig hat dadurch recht urwüchsige Salzwiesen mit Andel, Rotschwingel, Halligflieder und Strandbeifuß bewahrt. Möwen, Seeschwalben, Austernfischer,
Regenpfeifer und Rotschenkel leben in 1300 Brutpaaren
auf der Hallig. Leider gehen sie nicht selten durch Überflutungen zum Teil wieder verloren. Im Frühjahr prägen Tausende von Gänsen, Enten und Watvögeln das Halligbild.

Wanderndes Trischen

Wenn die Sicht gut ist, kann man die Insel Trischen, vor allem die Kugelbake, in einer Entfernung von 13 km vom Büsumer Deich aus sehen. Als *wandernder Sand* liegt sie am Außenrand der Marner Plate. Sie aufzusuchen ist aber nicht möglich. In der *Zone 1 des Nationalparks* liegend, wird diese einsame Insel seit Jahren vom gleichen Vogelwärter betreut und von einem Krabbenfischer versorgt.

Der fast 300 ha große, 5 km lange Außensand ist Eigentum des Landes Schleswig-Holstein und neben Norderoog einziges *Vollnaturschutzgebiet* Deutschlands. Schutzträger ist im Auftrage des Nationalparkamtes der Naturschutzbund Deutschland, der die 1908 zum Naturschutzgebiet erklärte Insel (zunächst als Deutscher Bund für Vogelschutz) seit 60 Jahren betreut. Die *bedeutendste Seevogelbrutstätte Schleswig-Holsteins* wird in ihrer natürlichen Entwicklung nicht beeinflußt, ist Rast-, Nahrungs-, Mauser- und Überwinterungsgebiet sowie Hochwasserrastplatz für viele Vogelarten. Etwa 20 Brut- und 200 Durchzüglerarten wurden festgestellt. Unter den 5000 Brutpaaren befinden sich 1500 Küsten- und Flußseeschwalben sowie 800 Brandseeschwalbenpaare. Verluste an Gelegen bis zu 70 % verursachen öfters die Sommersturmfluten. Im Juli sammeln sich hier bis zu 60 000 Brandenten zur Mauser. Da sie dann flugunfähig sind, müssen Störungen von ihnen ferngehalten werden.

Die wandernde Insel besteht aus Material, das von der Küste und aus der Nordsee stammt. Von Süden nach Norden verfrachtet, wurde es an der Seeseite des Wattenmeeres abgelagert. Mitte des vorigen Jahrhunderts waren es drei Sände. Sie wuchsen zusammen und bildeten schließlich die Insel Trischen. Bald siedelte sich nach dem Queller der Andel an und machte die neue Insel grün. Keilmelde und Strandaster folgten. Nach weiterer Anlandung stellten sich Grasnelke, Strandwegerich, Strandbeifuß und Halligflieder ein. Noch im vorigen Jahrhundert übernahmen Strandhafer und Strandroggen die Dünen. Nach *Entsalzung* eroberten auch Gänsedistel, Löwenzahn und Nachtkerze die Dünen. 1927 wurde bei Trischen erstmalig das Schlickgras angepflanzt. Landgewinnungsarbeiten ließen die Salz-

wiesen zur Jahrhundertwende auf über 100 ha anwachsen, auf denen etwa 100 Schafe weiden konnten. Ringdeich, Steinhaus, Tränkteich und Schafpferch machten eine Sommernutzung möglich. 1923 schützte eine 3 km lange Düne die 90 ha Nutzland. Obwohl die Sandplate vorbeizuwandern drohte, wurde 1922/23 der 78 ha große *Marienkoog* eingedeicht. Wohnhaus und Stall ermöglichten nun eine landwirtschaftliche Nutzung. 1932 ernährte Trischen noch etwa 300 Schafe, 80 Rinder und 20 Pferde.

Der Sand westlich der Insel, ihr natürlicher Schutz, wurde immer schmaler. Auch die Dünen wurden durch Abbruch kleiner. Sandfangzäune, Strandhaferpflanzungen und Steinpackungen schützten die wandernde Insel nur bis zur Sturmflut des Jahres 1936. Sie unterspülte den Uferschutz und griff die Dünen an, ließ aber den Koog unversehrt. Mehrere weitere Sturmfluten besiegelten schließlich das Schicksal der Insel. 1943 stand das Wasser hüfthoch im Hause, die Insel wurde aufgegeben. Sie wandert Jahr für Jahr etwa 20 m nach Osten.

Turbulente Landschaftsentwicklung

Eiszeitliches Material

Nur wer weiß, wie diese eigenartige Welt zwischen Land und Meer das Gesicht von heute bekam, wird sie ganz verstehen und ihre Zukunft beurteilen können. *Natur und Mensch haben – mit- und gegeneinander – das Wattenmeer unserer Tage geschaffen.* Eiszeiten, Meeresspiegelschwankungen, Sturmfluten und Marschbildungen haben die Grobkonturen, Besiedlung, Torfabbau, Landgewinnung und Küstenschutz die Feinstrukturen in die Landschaft geschnitten. Es gibt wohl nur wenige Gebiete in Europa, die in so kurzer Zeit so gravierend verändert wurden.

Der Untergrund des Großraumes entstand im Erdaltertum. Dieses Grundgebirge liegt in 5000 bis 6000 m Tiefe. In einem Flachsee wurden im *Erdmittelalter* Ablagerungen in einer Dicke von 5000 m zurückgelassen. Vor 2, 3 Millionen Jahren bedeckten *subtropische Wälder* Norddeutschland, wuchsen hier Palmen und lebten Tierarten, die nun am Mittelmeer zu Hause sind. Versteinerungen aus dem Morsum-Kliff auf Sylt haben dafür die Beweise geliefert.

Schleswig-Holstein wird ein „*Kind der Eiszeit*" genannt. Unvorstellbar große Mengen an Geschieben aus Nordeuropa haben das Land und das vor ihm liegende Wattenmeer aufgebaut. Vor etwa 1 Mill. Jahren kühlte sich das Klima – aus bisher nicht sicher bekannten Gründen – ab, und die skandinavischen Gletscher mit einer Mächtigkeit von bis zu 1000 m schoben sich auch über Schleswig-Holstein hinweg. Sie brachten ungeheure Mengen an Geschiebe mit und bedeckten damit den Untergrund. Ohne sie würde Schleswig-Holstein heute zum größten Teil unter Wasser liegen.

Drei Gletschervorstöße, die Elster-, die Saale- und die Weichselvereisung ließen beim Abschmelzen der Gletscher gewaltige Mengen an Steinen, Geröll und Sand zurück. Der Meeresspiegel lag dann um 80 bis 100 m niedriger als heute, weil enorme Wassermassen an den Polen als Eis gebunden waren. Dazwischen gab es *zwei Warmzeiten.* Damals hatte die Nordsee eine ähnliche Aus-

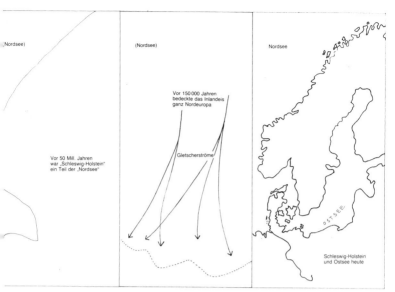

Nordsee)

(Nordsee)

Nordsee

Vor 150 000 Jahren bedeckte das Inlandeis ganz Nordeuropa

Gletscherströme

Vor 50 Mill. Jahren war „Schleswig-Holstein" ein Teil der „Nordsee"

Schleswig-Holstein und Ostsee heute

dehnung wie heute. Als sich das Land senkte oder der Wasserspiegel stieg, drang die See in Richtung Küste vor; bei Landhebung und Meeresspiegelsenkung zog sie sich zurück. Alle Kalt- und Warmzeiten brachten der Pflanzen- und Tierwelt tiefgreifende Veränderungen.

Die Geschiebe der Elstervereisung liegen überwiegend tief unter der heutigen Oberfläche. Der bedeutendste Vorstoß war die *Saalevereisung* (250 000 bis 150 000 v. Chr.). Gleich riesigen Planierraupen, auf jeden qm ein Gewicht von 900 Tonnen bringend, flossen die Gletscher weit über unser Gebiet bis an die Mittelgebirgsschwelle. Mit Abschmelzen und Rückzug ließen sie bis zu 500 m dicke Ablagerungen, Grund- und Endmoränen zurück und bildeten die Kerne von Sylt, Föhr und Amrum.

Die *Weichselvereisung* erreichte ihren Höhepunkt vor 45 000 Jahren. Der Meeresspiegel lag 100 m unter der Marke von heute. Die Gletscher aber erreichten nur die Linie Flensburg–Schleswig–Rendsburg, so daß unser Gebiet eisfrei blieb. Bis etwa 20 000 v. Chr. entließen die Gletscher gewaltige Wassermassen, die große Mengen an Kies, Sand und Schluff nach Westen transportierten, das zum Aufbau von Watt und Marsch nötige Material. Die Urstromtäler von damals gaben den Flüssen von heute die Richtung vor.

Steine und Versteinerungen

Steine am Strand

An Brandungsküsten sind etwa ein Viertel der Steine Flinte, ein Viertel Granit, jeder zehnte ein Kiesel und der Rest Steine verschiedener Arten. Jeder Stein ist anders geformt, aufgebaut und gefärbt. Nicht selten hat sie die Natur für uns auch geschliffen, indem sie vom Wasser bewegt, transportiert und gerundet wurden. Feucht glänzen sie und erscheinen trocken matt. Sie kamen fast alle als Geschiebe aus Nordeuropa. Zu Hause sind sie dann Steinschmuck oder Briefbeschwerer. Der *Flint* oder *Feuerstein* (1) ist grau und feinkörnig, hat eine weiße Außenhaut und ist mitunter hohl. Als Knolle entstanden, wurde er in der Steinzeit für Geräte und zum Funkenschlag verwendet.

Der *Granit* (2) ist unterschiedlich gefärbt, grobkörnig, besteht zu ¾ aus Feldspat, zu ¼ aus Quarz und aus Glimmer. Er entstand durch langsame Abkühlung des glutflüssigen Magmas als Tiefengestein.

Quarzit (3) wird auch Kiesel genannt, ist ein hartes, helles Sedimentgestein aus verkittetem Quarzsand. Windkanter beachten! Der *Gneis* (4) ist meistens grau, weist eine deutliche Schieferung auf, ist grobkörnig. Er entstand durch hohen Druck bei hohen Temperaturen aus Granit. Der *Porphyr* (5) ist rötlich oder grau, enthält in einer dichten Grundmasse einzelne größere Kristalle. *Sandstein* (6) ist durch Beimengungen grau bis braun und geschichtet, entstand durch Ablagerung von Sand im Wasser.

Aussagekräftige Versteinerungen

Mit Glück finden sich an Brandungsküsten aber auch Versteinerungen (Fossilien). In der Nähe von Spülbaggern fallen die vielen *Teppichmuscheln* (1) auf. Ob fossil oder rezent, ist schwer zu entscheiden. *Donnerkeile* (2) sollen von Gott Donar zur Erde geschleuderte Blitze sein, sind aber versteinerte Schwanzstachel ausgestorbener Verwandter des Tintenfisches. Auch die fossile *Turmschnecke* (3) stammt aus der Kreidezeit. Am häufigsten sind es *Seeigel* (4,5) als Negativabdrucke auf Flint. Gut zu erkennen sind oft das fünfteilige Gehäuse aus Kalkplatten, die Poren (Scheinfüßchen) und auf der Unterseite der Mund.

65

Prägende Nacheiszeit

Nur wenige Dichter haben das Wattenmeer so eindrucksvoll beschrieben wie Theodor Storm in seinem Gedicht „Meeresstrand". Mit dem Schlußsatz „... so war es immer schon" hatte er nicht ganz recht. Das Wattenmeer ist mit seinem Alter von 6000 bis 8000 Jahren, geologisch gesehen, eine relativ *junge Landschaft.* Kaum vorstellbar, daß man noch vor 15 000 Jahren zu Fuß nach England gehen konnte, Elbe und Rhein an der Doggerbank in die Nordsee mündeten. Meeresspiegelanstieg und Küstensenkung, Fallen des Meeresspiegels und Küstenhebung prägten zusammen mit seinen um die Existenz ringenden Bewohnern in der Nacheiszeit das Gesamtbild der mittelalterlichen Uthlande. Verheerende Sturmfluten zerstörten schließlich einen großen Teil der nur wenige Jahrhunderte dicht besiedelten Uthlande.

Das Dithmarscher Wattenmeer ist recht undramatisch entstanden. Sinkstoffe der Nordsee haben es nach und nach aufgebaut und lassen das Watt auch heute noch wachsen. Bis etwa 3000 v. Chr. verlief die Entwicklung im Norden und Süden ähnlich. Weit turbulenter verlief dann die Entwicklung des nordfriesischen Wattenmeeres. Im natürlichen Schutz langer Sandinseln haben sich riesige *Schilfsümpfe und Bruchwaldmoore* gebildet. Aus ihnen stammen die Moorstücke und -fladen mit eingeschlossenen Schilfblättern, die wir nach Sturmfluten finden. Fester Meerestorf (Tuul oder Darg) und schwarzes Rollholz (von Wasser und Boden rundgearbeitetes Holz) lassen uns in einen wesentlichen Abschnitt der Landschaftsgeschichte sehen. Die sogenannten *Wattenwälder* weisen mit Wurzelstubben und bis zu 10 m langen Stämmen von Eichen, Birken, Pappeln und Erlen hin auf den einstigen Süßwasser-Urwald des Festlandes. In Niederungsmoor gebettet und durch die Moorsäure konserviert, haben sie sich zum Teil bis heute erhalten. Mit den Baumresten wurden auch Knochen von Hirschen und Wildschweinen, Hörner von Auerochsen und Walknochen von der Natur präpariert. Wann diese Wälder entstanden und wann sie zerstört wurden, ist noch nicht endgültig festgestellt worden. Sie fielen jedenfalls dem eindringenden Salzwasser zum Opfer.

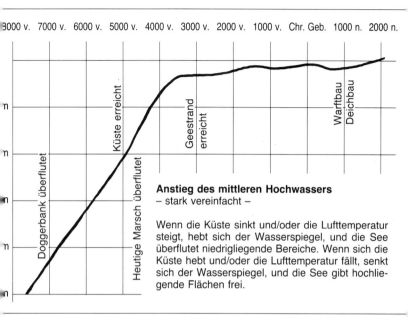

Anstieg des mittleren Hochwassers
– stark vereinfacht –

Wenn die Küste sinkt und/oder die Lufttemperatur steigt, hebt sich der Wasserspiegel, und die See überflutet niedrigliegende Bereiche. Wenn sich die Küste hebt und/oder die Lufttemperatur fällt, senkt sich der Wasserspiegel, und die See gibt hochliegende Flächen frei.

Als der Wasserspiegel anstieg, zerstörten Sturmfluten die vorgelagerten Düneninseln, überflutete die See die dahinter liegenden jungeiszeitlichen, auf Altmoränen abgelagerten Feinsandflächen und stieß bis an den Geestrand vor. Mit dieser Land-/See-Grenze erreichte die Nordsee zwischen dem 9. und 6. Jahrtausend v. Chr. ihre größte Ausdehnung und bedeckte fortan das Wattenmeer mit fruchtbarem Schlick. So entstand ab 2000 v. Chr. die *alte Marsch*. Darauf siedelten die um 1000 n. Chr. eingewanderten Friesen zunächst ebenerdig, dann auf Warften und schließlich in Kögen. Noch um 1300 n. Chr. war der größte Teil des nordfriesischen Wattenmeeres Land. Zwischen dem 14. und 17. Jh. kam es durch steigende Wasserstände, Salztorfabbau und zu niedrige Deiche mehrfach zu schweren Einbrüchen der Nordsee. Nachdem in weniger als 6000 Jahren der Meeresspiegel um 8 m anstieg und die Küste als Nachwirkung der Eiszeit sank, holte sich die See ein Stück Land nach dem anderen wieder und machte die Kultur von Generationen zunichte. Die niedrig liegende, flache Uthlande ging in vier Jahrhunderten verloren.

Sturmfluten

Auch der Binnenländer ist über Sturmfluten häufig gut informiert. Die Medien berichteten ausführlich über die Überraschungsflut von 1962, die Januarflut 1976 mit den besonders ·hohen Wasserständen und die Novemberflut 1981 mit den schweren Schäden im Norden. Zu keinem anderen Zeitpunkt sind die Gedanken der Städter aus dem Süden und Westen so auf Inseln und Halligen gerichtet, wie während einer Sturmflut.

Das Bundesamt für Seeschiffahrt und Hydrographie in Hamburg, verantwortlich für den Sturmflut-Warndienst, unterscheidet drei Arten von Sturmfluten:

1. *Normale Sturmfluten.* Etwa zehnmal im Jahr erreicht das Hochwasser 1,50 m über dem mittleren Hochwasser.
2. *Schwere Sturmfluten.* Etwa dreimal im Jahr steht das Wasser bei 2,50 m über dem mittleren Hochwasser.
3. *Sehr schwere Sturmfluten.* Etwa alle 20 Jahre überschreitet das Wasser die 3,50-m-Marke.

Wie entstehen Sturmfluten? Wind entsteht, indem die Luft über Land und Wasser unterschiedlich erwärmt wird. Daraufhin entstehen Hochs und Tiefs, deren Luftdruckgefälle durch Wind (bewegte Luft) ausgeglichen wird. Zu Stürmen oder gar Orkanen kommt es besonders oft im Winterhalbjahr, weil dann kalte Polarluft und warme Luftmassen über dem Atlantik große Luftdruckunterschiede hervorrufen. Die *Orkantiefs* bewegen sich meistens auf bestimmten Zugstraßen nach Osten, über die Britischen Inseln hinweg über die Nordsee, um schließlich über Dänemark oder Norwegen nach Osten abzuziehen. Dabei umfließen die Luftmassen das Tief im Gegensinn des Uhrzeigers, so daß wir den Sturm zunächst aus Südwest, dann aus West und Nordwest, schließlich aus Nord bekommen. Orkane aus Südwest bis Nordwest sind besonders gefährlich, weil dann der Buchtenstau hinzukommt, während bei Nord das Wasser oft schon wieder fällt. Windgeschwindigkeiten von 120, 150 und mehr km je Stunde sind dann nicht selten. Wie hoch das Wasser an der Küste aufläuft, hängt besonders von der Dauer des Sturmes ab. Bei Mondwechsel und einige Tage danach können die durch Springtide hervorgerufenen zusätzlichen 35 cm Wasser über das Schicksal

eines Deiches entscheiden. Der *blanke Hans*, dieses oft genannte, aber nie richtig beschriebene Phänomen, bleibt bei aller in der Vorhersage eingesetzten Technik wohl auch in Zukunft unberechenbar. Neuerdings bezieht man in die Vorhersage auch die untermeerischen Bodenbewegungen ein. Eine einigermaßen sichere Vorhersage ist nur für wenige Stunden möglich.

Beschreiben läßt sich eine sehr schwere Sturmflut kaum. Auch starke Männer haben dann Mühe, sich am Deich aufrecht zu halten. Das Atmen wird schwer, ist oft nur möglich, indem man das Gesicht bewußt abwendet. Kaum zu glauben, daß sich dann nicht selten der Deich unter den Füßen deutlich bewegt. Der moorige Untergrund gibt dann unter der Wucht der aufschlagenden Wassermassen nach. Sie sind meistens gelbbraun, weil sie große Mengen aufgewühlter Sinkstoffe enthalten. Sehr schwere Sturmfluten bauen das Watt bis zu 50 cm tief ab und lassen das Material in Küstennähe liegen, bauen so Vorland auf und lassen Halligen höher werden. Sturmfluten sind demnach nicht nur *Fluch*, sondern auch *Segen*.

Rungholt

„Um Mitternacht, da ging die allergrößte Mandrenke. Da ertrank das meiste Volk aus den Uthlanden", berichtete das Chronicon Eiderostadense über das Jahr 1362. Keine zweite der 16 schweren Sturmfluten des Mittelalters hat so viele Opfer gefordert und das Land so verwüstet wie die *Grote Mandrenke* (Man = Mond), auch Marcellusflut genannt. Zwischen Hamburg und Ripen/Dänemark sollen 100 000 Menschen ertrunken sein, allein in der Umgebung Rungholts 7600. Sie machte den Anfang in diesem unvorstellbar folgenschweren Zerstörungswerk, in dem 1634 die zweite Grote Mandrenke den (vorläufigen) Schlußpunkt setzte. Die Schutzwälle im Westen wurden zerbrochen, die Landschaft dahinter gänzlich umgewandelt, Kulturland der Uthlande (Außenland) in Wattenmeer verwandelt, der Gezeiteneinfluß bis an die Geest ausgedehnt, neue Prielsysteme geschnitten und durch Auflandung von Sand und Schlick Halligen geschaffen.

Liliencron stellte sich Rungholt (niedriges Holz = Wald) als eine mittelalterliche Stadt mit hohen Häusern, großen Kornspeichern und einer Kirche aus Backstein vor. Er setzte Rungholt gleich mit Reichtum, Laster, Gotteslästerung und Gottesstrafe. Nach einer Sage sollen Menschen, die froh und glücklich sind, heute noch an stillen Tagen die Glocken von Rungholt hören. Der damalige Hauptort der Edomsharde soll alle sieben Jahre aus der See emporsteigen. Neuere Forschungen ergaben, daß es eine *Streusiedlung von etwa 2000 Einwohnern* war, die auf Warften der kaum bedeichten Marsch wohnten und einen Hafen mit Schleusenanlagen hatten. Zu bedenken ist, daß die Oberfläche des damaligen Kulturlandes etwa 1,5 bis 2,5 m unter dem heutigen mittleren Hochwasser, das mittlere Hochwasser etwa 50 cm unter dem heutigen NN lag. Zerstört wurde Rungholt wohl, weil es zwischen zwei Ausläufern eiszeitlicher Moränen-Rücken lag. In einem Tal und deshalb (nicht, weil es Schuld der Menschen war) die Zerstörung vorbestimmt war.

Die Karte „Nordfriesland um 1240" von dem Husumer Kartographen J. Mejer und C. Danckwerth ist in Einzelheiten zwar ungenau, gibt aber einen anschaulichen Eindruck

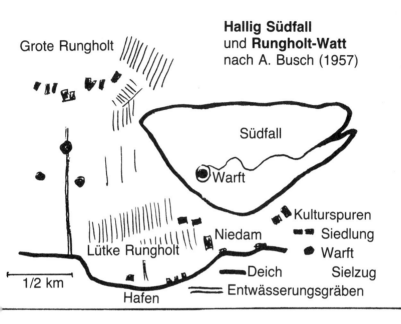

Hallig Südfall und Rungholt-Watt
nach A. Busch (1957)

Grote Rungholt

Südfall

Warft

Kulturspuren

Niedam

Siedlung

Lütke Rungholt

Warft

1/2 km

Deich

Sielzug

Entwässerungsgräben

Hafen

vom Landschaftsbild der Westküste im 13. Jh. wieder. Auf der Karte Clades Rungholtina berichtete Peter Sax von 21 Deichbrüchen und 7600 Ertrunkenen allein in der Umgebung Rungholts. Es gab noch keine Stakdeiche, und die Erddeiche waren niedrig. Keine zweite Jahrhundertsturmflut wird so oft erwähnt wie die *Rungholt-Sturmflut des Jahres 1362*. Dabei ging die Siedlung aber nicht unter, ging nicht auf den Meeresgrund. Sie wurde zerstört und ihre Reste weggetragen.

Der erste Wiederentdecker Rungholts war *Detlef von Liliencron*. Er hat mit seinem Gedicht „Trutz, blanke Hans" 1885 den sagenreichen Ort der Vergessenheit entrissen. Ab 1921 fand *Andreas Busch* bei zahlreichen Gängen durch das Südfall-Watt viele Hinweise auf die frühere Besiedlung: Schleusenreste, Warftreste, Sodenbrunnen, Grabensysteme, Wegspuren und Sielzüge. Ziegelsteine, Keramiktöpfe und Holzfässer gaben Hinweise auf die Lebensweise der Einwohner von Grote Rungholt, Lüttke Rungholt und Niedamm. Die rekonstruierte Schleuse ist nun im Husumer Nissenhaus zu sehen.

71

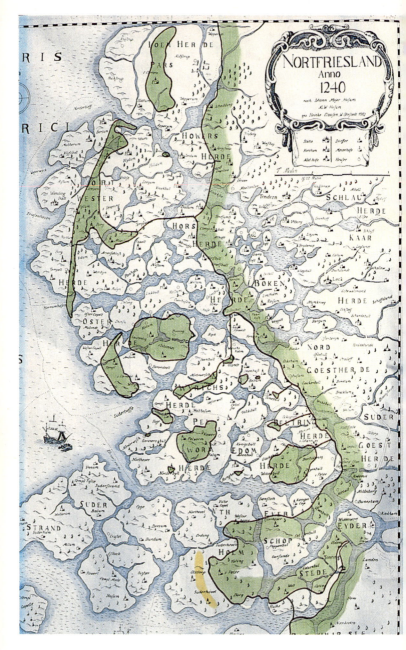

NORTFRIESLAND
Anno
1240

nach Johann Mejer Husum
M.W. Husum
ges Henrke Claussen N. Oxstedt 1582

72

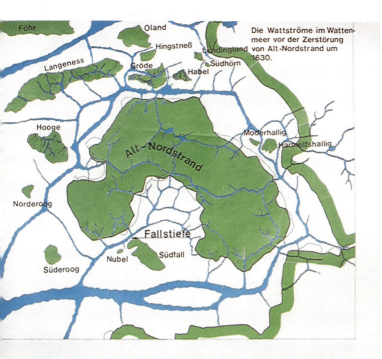

Die Wattströme im Watten-
meer vor der Zerstörung
von Alt-Nordstrand um
1630.

Die Zerstörung der Wattflächen,
besonders des ehemaligen Insel-
gebietes von Alt-Nordstrand,
durch Priel-Erosion bis heute.

Alt-Nordstrand

Die Sturmflut des 11. und 12. Oktober 1634 ging in die Geschichte der Uthlande ein als *zweite Grote Mandränke.* „... um acht und neun Uhr waren alle Deiche schon zerschlagen", und „der Wind wehte so kräftig, daß die Grundfeste der Erde sich bewegten" und „... um zehn Uhr war alles geschehen", wird berichtet. Zunächst kam der Orkan aus Südwesten, sprang nachts auf Nordwesten um. Brände lenkten die Aufmerksamkeit der Bewohner auf sich, und das Unwetter kam ungewöhnlich schnell heran.

Der Höhepunkt der Katastrophe lag zwei Stunden nach Mitternacht, als bei Niedrigwasser die See 4 m über dem mittleren Hochwasser stand. Gewaltige Wellen ließen fast alle Deiche der 28 Köge brechen und schlugen 44 Wehlen in das Land dahinter. Innerhalb weniger Stunden *ertranken 6123 der 9000 bis dahin auf der Insel wohnenden Menschen* und über 50 000 Tiere. 1339 Häuser wurden zerstört. Übrig geblieben waren von der großen Insel Alt-Nordstrand nur vier Bruchstücke: Nordstrand, Pellworm, Lüttmoor und die Hamburger Hallig. Der größte Teil des überfluteten Kulturlandes blieb Wattenmeer. Die aus dem Fallstief hervorgegangene Norderhever hatte nun täglich zweimal ein riesiges Gebiet zu be- und zu entwässern. Wir können uns heute wohl kaum vorstellen, was damals in einer einzigen Nacht in der nordfriesischen Uthlande geschah.

Wie kam es zu dieser für die Marschinsel Nordstrand besonders *folgenschweren Katastrophe?* 22 000 ha groß war die bis 1634 von großen Vorländereien und hohem Watt umgebene Insel Alt-Nordstrand. Die rundum liegenden Halligen schüzten schon damals die Insel. Die Einwohner der Pellworm-Harde, der Beltringharde und der Edoms-Harde planten sogar die Abdämmung des Fallstromes zur Abdeichung der großen Rungholt-Bucht. Die Pläne fielen dem 30jährigen Krieg zum Opfer.

Von den 100 km langen, durchschnittlich 5,40 m hohen Deichen waren 20 km *Stakdeiche.* Sie waren außen und innen sehr steil und mit viel Holz befestigt. Nach den Winterschäden mußten immer wieder große Mengen an Holz von der Geest herunter angefahren und verbaut wer-

den. Die Deiche in Ordnung zu halten war Aufgabe der Landeigentümer. Nach einer Reihe von Sturmfluten mit umfangreichen Schäden geschah es nicht so wie es hätte sein sollen. So verweigerten die östlich des Moordeichs wohnenden Nordstrander denen im Westen die Unterstützung. „... durch Zank und Zwiespalt elender Zustand der Deiche ..." berichtete ein Chronist. Die Folge waren mangelhafte Deichabschnitte. Hinzu kam, daß die tiefliegenden Köge und Deiche durch Entwässerung des moorigen Untergrunds stark gesackt waren, beim Salztorfabbau die schützende Grasnarbe zerstört wurde und die Wasserstände gestiegen waren.

Pellworm, vom übrigen „Strand" getrennt, konnte in den folgenden Jahren zum Teil wieder durch Seedeiche geschützt werden. Auf Nordstrand *scheiterten* zunächst die *Wiederbedeichungsversuche.* Das „Wüste Moor" rund um die heutige Hallig Nordstrandischmoor hatte den Charakter von Halligland. Erst 20 Jahre später konnte mit Hilfe von landfremden Geldgebern begonnen werden, einen Koog nach dem anderen durch neue Deiche wieder landfest zu machen.

Kulturspuren

In mehreren Bereichen des Watts fallen schnurgerade verlaufende dunkle Streifen, Ringe aus kunstvoll geschnittenen Soden und graue Scherben auf, die man sich zunächst beim besten Willen nicht erklären kann. Es ist schon ein eigenartiges Gefühl zu erleben, wenn das Wasser Land frei gibt, das noch vor wenigen Jahrhunderten besiedelt war. Mit Phantasie und Glück läßt sich dann die *einmalige Landschaftsentwicklung* nachvollziehen.

Die Natur schafft keine geraden Linien und keine exakten Kreise. Damit ist so gut wie sicher, daß Menschen hier gelebt und gearbeitet haben. In den meisten Fällen aber sind es, von Ziegelsteinen im großen Klosterformat abgesehen, nur jene *Hinweise auf die frühere Besiedlung,* die sich an der Wattoberfläche befinden. Relativ häufig sind dunkel erscheinende Entwässerungsgräben, deren Kanten durch Schilfausläufer kenntlich sind. Mit einiger Phantasie lassen sich ganze Grabensysteme erkennen. Leichter zu deuten sind Warftgrundrisse, Reste alter Deichtrassen, Wegereste und die mitunter erstaunlich gut erhaltenen Sodenringe, die im Volksmund meistens Brunnenringe genannt werden. Mit einem Durchmesser von 3 bis 5 m sind sie aus Soden oder Torfstücken so geschickt gefügt, daß man oft mit einer ganzen Portion Anerkennung davor steht. Aus dem Watt ragende, auf einer Linie ausgerichtete Pfahlstümpfe lassen auf Siel- und Hafenbefestigungen schließen. Dazwischen liegen dann nicht selten Scherben zerschlagener Gefäße und dunkelbraune Haustierknochen. Auch die müdesten Wattwanderer stutzen vor gut 350 Jahren gezogenen, zwischenzeitlich überlagerten und nun wieder freigespülten Pflugfurchen. Fast nicht zu glauben, daß jetzt noch Getreidestoppel von 1634 auftauchen, die im Schlick überdauerten und nun in wenigen Tagen verwesen.

Die Reste früherer Siedlungen sind unterschiedlich alt. Oberflächlich datieren lassen sie sich nach der Lage. Es ist bekannt, daß die größten, vor allem im Süden des nordfriesischen Wattenmeeres gelegenen Flächen 1362, die Gebiete rund um Nordstrand und Pellworm 1634 und kleinere Bereiche rund um die nördlichen Halligen 1825

verlorengegangen sind. Auch liegen die Kulturspuren von 1362 meistens tiefer als die von 1634 oder 1825.

Die *Kulturspuren werden immer seltener.* Manche werden übersandet oder durch das winterliche Eis abgeschoben. Mitunter tauchen nach Sturmfluten, Prielverlagerungen und Erosion plötzlich neue Hinweise auf die frühere Besiedlung auf. Viele liegen heute noch unter Schlick und Sand.

Das Wattenmeer kann als ein *natur- und kulturhistorisches Denkmal* bezeichnet werden. Es ist überwiegend keine Naturlandschaft, sondern eine in einen naturnahen Zustand zurückgefallene Kulturlandschaft.

Das Wattenmeer ist aus gutem Grund *Grabungsschutzgebiet.* Es darf darin privat nicht gegraben werden. Funde sollten Fachleuten (des Landesamts für Vor- und Frühgeschichte in Schleswig) zur Deutung und Datierung vorgelegt werden. Anschließend bekommt sie der Finder wieder zurück. Die wertvollen Kulturspuren dürfen nicht mutwillig zerstört werden.

Ungewisse Zukunft

Es gibt in der Natur kein starres Gleichgewicht, schon gar nicht in dieser Landschaft ständigen Wandels. Das Bild, das das Wattenmeer von heute bietet, ist nur eine Momentaufnahme. Schon morgen sieht es anders aus.

Zwei Faktorengruppen wirken auf seine Entwicklung ein:
1. natürliche Vorgänge (Meeresspiegelanstieg, Erosion, Sedimentation ...)
2. menschliche Einflüsse (Klimaänderung, Schadstoffbelastung...)

Die nordfriesischen Außensände verlagern sich jährlich um etwa 20 m landeinwärts, jeweils 40 ha verlierend. Das ist wohl auch ein Hinweis auf den Anstieg der Sturmflut-Scheitelwasserstände von 30 cm je Jahrhundert, vor allem aber ein normaler Vorgang in der *Gesamtentwicklung.* Dem ständigen Wellenangriff ausgesetzt, wird das Wattenmeer im Westen kleiner und tiefer, das Vorland durch Auflandung größer und höher. Seit 8000 Jahren wird die Land/See-Grenze in Richtung Festland verschoben, zunächst jährlich bis zu 150 m, in den letzten 4000 Jahren – obwohl die schützenden Moränenbarrieren im Westen nicht mehr da waren – wesentlich langsamer. Durch Meeresspiegelanstieg und Sturmfluten gingen im Mittelalter große Flächen und etwa 40 Halligen verloren. Diese wahrscheinlich auch in Zukunft sich fortsetzenden Verluste sind für Natur und Kultur, für Naturschutz und Küstenschutz schmerzlich.

Um im festlandsnahen Wattenmeer die Vorlandbildung zu fördern und Wasserscheiden festzulegen, wurden nach Sylt, Oland, der Hamburger Hallig, Nordstrandischmoor und Nordstrand *Dämme* gebaut. Sie haben sich bewährt. Deshalb wurde vorgeschlagen, auch im mittleren Wattenmeer Inseln und Halligen durch Dämme zu verbinden, kleinere Einzugsgebiete zu schaffen und so das Wattenmeer zu erhalten. Ob ein 16 km langer Sicherungsdamm vom Festland zur Insel Pellworm gebaut wird, ist noch nicht entschieden. Er soll verhindern, daß Norderhever, Süderaue und Rummelloch ihr Bett weiterhin vertiefen. Z. Zt. wird geprüft, ob der Damm sich ökologisch negativ,

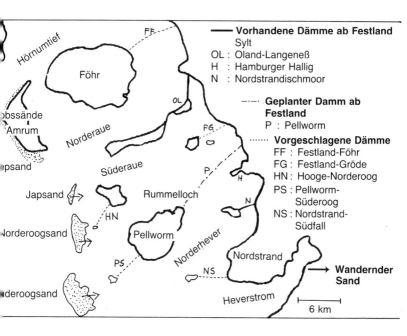

insbesondere auf die Wassergüte, auswirkt und wie die großräumigen Auswirkungen auf die Oberflächengestalt des Wattenmeeres und auf die Gezeiten sind.

Um auch im Außenbereich Verluste zu vermeiden, schlug man vor einigen Jahren vor, die fehlenden Moränenzüge im Westen vor den Außensänden durch einen 100 km langen untermeerischen Wall zu ersetzen. Diese sehr kostspielige und bautechnisch unrealisierbare Unterwasserverwallung sollte das Wattenmeer, seine Inseln und Halligen vor weiteren Substanzverlusten bewahren. Das würde nicht leicht sein, wenn – wie befürchtet wird – in Zukunft die Wasserstände schneller steigen und die Sturmfluten häufiger auftreten.

Negativ beeinflussen kann auch der Mensch die Entwicklung des Wattenmeeres, wenn er durch *Belastung der Atmosphäre* in die natürliche Klimaentwicklung eingreift. Das ausgehende Jahrzehnt war bereits das wärmste dieses Jahrhunderts. Die Durchschnittstemperaturen stiegen um ein halbes Grad. Wenn sich die Tendenz bestätigt, muß mit einem höheren Meeresspiegel gerechnet werden.

Die unbelebte Natur

Dreierlei Watt

Watt ist nicht gleich Watt. Das ständig sich bewegende Wasser hat es aufgebaut, das mineralische und organische Material nach Gewicht und Strömungsgeschwindigkeit abgelegt. So entstehen – mit fließenden Übergängen – drei Typen von Watt:

1. *Schlickwatt* – ca. 5 %
   In ruhigen Bereichen, Küstennähe und Buchten; schwarzgrau, glänzend, stark riechend; feinkörniger Schluff (unter 0,05 mm Korngröße) und Ton (schmiert zwischen den Fingern), viele organische Substanzen (lebende und abgestorbene Pflanzen- und Tierteile, Zerreibsel, Algenpanzer, Schill), nährstoffreich, wenige mm dicke sauerstoffreiche Schicht, darunter dunkelgraue Schicht ohne Sauerstoff; schwer begehbar, tiefe Spuren.
2. *Mischwatt* – fast 50 %
   Übergangszone in Bereichen mit sich wenig bewegendem Wasser; Feinsand von 0,05 bis 0,5 mm (fühlt sich zwischen den Fingern rauh an), unterschiedliche Anteile von Schluff (0,005 bis 0,05 mm), Ton und organischen Stoffen; gut begehbar, flache Spuren.
3. *Sandwatt* – fast 50 %
   In Seenähe, an Prielrändern, Brandungsküsten und Sänden; schwerer Grobsand mit mehr als 0,5 mm Korngröße (einzelne Körner zwischen den Fingern zu spüren) aus Körnern der Minerale Quarz, Feldspat und Glimmer; sauerstoffreiche Schicht von 5 bis 10 cm, darunter dunkle Schicht ohne Sauerstoff; trittfest, keine Spuren.

Schlick und Sand sind von den eiszeitlichen Gletschern und ihren Schmelzwassern hierher verfrachtetes Material, das ständig zerrieben, zermahlen und aufgearbeitet wird. Als Mitbringsel der Flüsse und frühere Bestandteile der Inseln und Halligen wird es von der See ständig umgelagert. Die Färbung und die Lebensbedingungen des Wattbodens hängen weitgehend davon ab, wie weit das Wasser und damit der lebensnotwendige Sauerstoff eindringen können. Das Schlickwatt und die unteren Schichten des

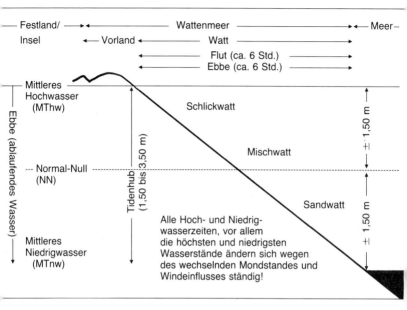

Festland/Insel — Vorland — Wattenmeer — Watt — Meer

Flut (ca. 6 Std.)
Ebbe (ca. 6 Std.)

Ebbe (ablaufendes Wasser)

Mittleres Hochwasser (MThw)

Schlickwatt

Mischwatt

Normal-Null (NN)

Tidenhub (1,50 bis 3,50 m)

± 1,50 m

Sandwatt

± 1,50 m

Mittleres Niedrigwasser (MTnw)

Alle Hoch- und Niedrigwasserzeiten, vor allem die höchsten und niedrigsten Wasserstände ändern sich wegen des wechselnden Mondstandes und Windeinflusses ständig!

Mischwatts riechen im Sommer (nach starker Vermehrung der Bakterien) nach faulen Eiern. Sie werden anrüchig, weil das organische Material unter Sauerstoffmangel von sauerstoffunabhängigen Bakterien zersetzt wird und sich dabei *Schwefelwasserstoff* bildet.

Das Mischwatt ist oben braun und ab 1 bis 2 cm Tiefe grau. Nur die oberste Schicht wird von Sauerstoff durchdrungen, ist als *Oxidationszone* von Eisenhydroxid braun gefärbt. Im grauen Bereich darunter, in der *Reduktionszone,* wird es von Bakterien reduziert. Ein herausgelöster Brocken wird mit der Zeit – unter Sauerstoffeinfluß – an der Oberfläche heller. Noch tiefer ist das Watt oft schwarz. Dort bilden Eisenhydroxid und Schwefelwasserstoff Eisensulfide. An natürlichen *Abbruchkanten* und an „Wasserfällen" in Prielen ist der schichtweise Aufbau des Bodens zu erkennen. Verschieden feste bzw. alte Schichten bilden Terrassen und Klei mitunter den Boden der Priele. Worin unterscheiden sich die Jahresringen ähnlich sehenden Schichten aus Sand, Schlick und Muscheln?

Salziges Wasser

Wenn man beim Baden versehentlich einen Schluck nimmt, merkt man schnell, daß im Nordseewasser einiges an Salz enthalten ist. Woher es kommt? Wahrscheinlich nicht, wie in einer Sage erklärt, aus einer Salzmühle, die ohne den Zauberspruch nicht mehr angehalten werden konnte. Es wurde auf dem Festland mit vielen anderen Stoffen aus dem Boden gelöst und von den Flüssen in die See getragen. Das Seewasser enthält – bei sehr unterschiedlichem Anteil – *durchschnittlich 3 % Kochsalz* (in einem Liter einen Eierbecher voll) und Spuren aller chemischen Elemente (Stickstoff, Phosphor, Eisen, Kupfer, Brom, Calcium, Mangan, Kalium, Jod usw.). 1 kg Meerwasser enthält 1/200 000 Milligramm Gold. Nordseewasser gefriert bei einer Durchschnittstemperatur von 3 bis 7 Grad bei −2 Grad.

Interessant zu wissen, daß wir „Nordsee" im Blut haben. 94 % des Wassers auf der Erde sind Meerwasser. Es weist bei den Spurenelementen eine verblüffend ähnliche Zusammensetzung auf wie unser Blutserum. Es wird vermutet, daß dies ein Hinweis ist auf die Herkunft des Lebens aus dem Wasser. Vielleicht ist dies auch eine Erklärung dafür, daß es den Menschen immer wieder an das Wasser, an die See zieht.

Das Nordseewasser kann grünlich und ockergelb, trübe und klar sein. Plankton färbt es unterschiedlich und Tonpartikel bräunlich. Das Flutwasser ist meistens reicher an Sedimenten und deshalb trübe, das ablaufende Wasser nach der Ruhe klarer. In jedem Liter Wasser schwimmen durchschnittlich 100 mg *Feststoffe.* Bei Stürmen ist es das dreihundertfache. Der Heverstrom vor Husum bewegt ständig etwa 20 000 Tonnen Feinmaterial. Die Sedimentation ist dort besonders groß, wo Süß- und Salzwasser aufeinandertreffen.

In jeder Tide strömen 3 bis 6 Milld. cbm in das Wattenmeer ein. Das besorgen vor allem die großen *Tiefs.* So kommen jeden Tag allein durch das Vortrapp-Tief südlich Sylt mit einer Strömungsgeschwindigkeit von 2 bis 8 km/Std. 500 Mill. cbm Wasser. Das sind in jeder Sekunde 5000 cbm. Zum Vergleich: Der Rhein entläßt in jeder Sekunde

an seiner Mündung 2200 cbm Wasser in das riesige Klär-werk Nordsee, die Elbe 800 cbm.

An- und Abfluß erfolgen vor allem durch *Priele.* Diese Bäche und Flüsse ohne Quelle und Mündung bekommen und verteilen ihr Wasser durch feinste, sich zu Prielen vereinigenden Verzweigungen. Die Großpriele führen ihre Wasser über mächtige Deltas der offenen See zu und sam-meln sie bei Flut wieder zum Transport an die Küste.

Wattwanderer sollten bedenken, daß sich die Priele oft verlagern und/oder vertiefen. Wasserscheiden, auf denen man gern bummelt, wandern. Deshalb sollten auch die traditionellen Wattwanderwege nach den Inseln und Halli-gen und zwischen ihnen nur geführt erwandert werden.

Seit 20 Jahren werden an den Inseln regelmäßig Wasser-proben genommen und von verschiedenen Instituten untersucht. In Zukunft soll die *Badewasserqualität* – sie hat nichts mit dem ökologischen Zustand zu tun – durch ein erweitertes Meßprogramm häufiger untersucht wer-den. Dann werden an über 200 Meßstellen alle 14 Tage Proben genommen und auf Bakterien, Schwermetalle, Stickstoff und Phosphat untersucht.

Einflußreiche Gezeiten

Wo ist bloß das ganze Wasser geblieben? Ist die Nordsee nicht zu Hause? fragt so mancher Urlauber beim ersten selbsterlebten Niedrigwasser. Schon in den folgenden Tagen wird er feststellen, daß die Gezeiten nicht nur das jeweilige Landschaftsbild, sondern direkt oder indirekt das gesamte Leben darin bestimmen.

Die gewaltigen Dimensionen dieses Phänomens weisen hin auf *Kräfte von Erde, Mond und Sonne.* Auf dieses Dreikörpersystem wirken (durch die Rotation) *Fliehkraft* und (alle Weltenkörper ziehen sich gegenseitig an) *Massenanziehung* ein: Erde und Mond kreisen um einen gemeinsamen Schwerpunkt, der innerhalb der Erde liegt. Dabei entwickeln sie Fliehkräfte, die durch Massenanziehungskräfte überlagert und verstärkt werden. Auf der dem Mond zugewandten Seite der Erde überwiegt die Anziehungskraft und baut aus der leicht verformbaren Wasserhülle der Erde einen Flutberg auf. Auf der entgegengesetzten Seite entsteht durch die Fliehkräfte ein zweiter Flutberg. Dazwischen wird das Wasser nach beiden Seiten abgezogen, ein Ebbetal ist die Folge.

Die Erde dreht sich in jeweils 24 Stunden einmal um die eigene Achse. Es wandern so zwei Flutberge im 12-Stunden-Rhythmus in ostwestlicher Richtung – der Erddrehung entgegengesetzt – um die Erde. *Etwa 6 Stunden und 12 Minuten kommt und geht jeweils das Wasser: täglich je zweimal Flut und Ebbe.* Der Mond benötigt für einen Umlauf 50 Minuten länger. So kommt es, daß jede Tide etwa 25 Minuten und das gleiche Hoch- bzw. Niedrigwasser von einem Tag zum anderen 50 Minuten später eintritt. Deshalb gehen wir an gezeitenabhängigen Stränden von einem Tag zum anderen eine Stunde später baden. Der durchschnittliche *Tidenhub* (Differenz zwischen HW und NW) beträgt bei List 1,5 m, bei Husum 3,5 m, bei Büsum 3,3 m.

Unsere Gezeiten entstehen nicht in der Nordsee. Die *Gezeitenwellen* stammen aus dem Atlantik, laufen um die Britischen Inseln herum an die ostfriesische Küste und von dort nördlich zu uns. Es dauert etwa zwei Tage, bis sie bei uns sind. Deshalb gibt es das höchste Springtidehochwasser erst zwei Tage nach dem Mondwechsel.

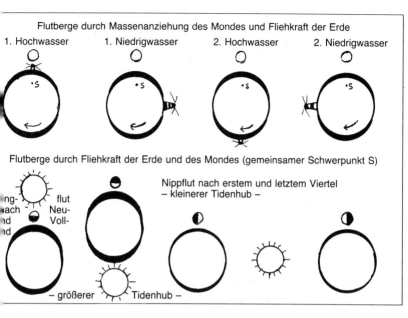

Flutberge durch Massenanziehung des Mondes und Fliehkraft der Erde

1. Hochwasser   1. Niedrigwasser   2. Hochwasser   2. Niedrigwasser

Flutberge durch Fliehkraft der Erde und des Mondes (gemeinsamer Schwerpunkt S)

ng-
ach
d
d
flut
Neu-
Voll-

Nippflut nach erstem und letztem Viertel
– kleinerer Tidenhub –

– größerer Tidenhub –

Wo bleibt das Wasser bei Ebbe? Es schwingt nur 30 km nach Westen und kommt dann wieder. Es schwappt wie in einer Schüssel in der Nordsee hin und her, und zwar um einen Drehpunkt, der 200 km nordwestlich von Sylt liegt.

Bei Neu- und Vollmond liegen Erde, Mond und Sonne auf einer Linie, so daß sich ihre Kräfte summieren und – vor allem bei Neumond – hohe Flutberge entstehen lassen. Die *Springtide* läßt das Wasser ungewöhnlich weit ablaufen und bringt einen etwa 30 cm höheren Hochwasserstand. Im ersten und letzten Mondviertel heben sich die auf die Wasserhülle der Erde einwirkenden Kräfte zum Teil auf, so daß das Hochwasser niedriger und das Niedrigwasser höher als normal eintritt. An der Küste spricht man dann von *Nipptide* oder dode Tied.

Jede Ebbe (ablaufendes Wasser) und jede Flut (auflaufendes Wasser) ist anders. Der jeweilige Wasserstand hängt von den Mondphasen, aber auch vom Wind nach Richtung, Stärke und Dauer ab. Der NDR gibt täglich um 9 Uhr die vom Bundesamt für Seeschiffahrt in Hamburg errechneten Abweichungen bekannt.

Wetter und Klima

Die Nordsee sorgt für ein ausgesprochen *maritimes Klima* des Wattenmeeres. Die See gleicht hohe Temperaturschwankungen aus, indem sie die Sonnenenergie langsam aufnimmt und abgibt. Im Watt allerdings kann es wegen der geringen Wassertiefe und dem von unten „heizenden" Watt zu Temperaturunterschieden von bis zu 40 Grad kommen. Der Golfstrom heizt als Zentralheizung Europas die Nordsee auf. Kühle Sommer und milde Winter sind bezeichnend für das Land unter dem ständigen Wind. Die vorherrschenden Windrichtungen sind West, Nordwest und Südwest. Nur im Frühjahr und Herbst gibt es längere Ostwindperioden. Windstille ist so selten, daß den Anwohnern dann oft etwas fehlt. Selbst bei hohen Sommertemperaturen streicht eine kühlende Brise über das Wattenmeer.

Weit mehr paßt der Sturm zu diesem Land. Die *Beaufort-Skala* läßt Wind, Sturm und Orkan einordnen:

Stärke	Geschw.	Bezeichnung	Merkmale
0	0	Windstille	glatte See
2	3 m/sec	leichte Brise	kleine Wellen
4	8 m/sec	mäßige Brise	erste Schaumköpfe
6	12 m/sec	starker Wind	Wellen mit Schaumköpfen
8	20 m/sec.	Sturm	Wellen mit Gischt
10	100 km/Std.	schwerer Sturm	Wellenberge mit Gischtwolken
12	über –"–	Orkan	aufgewühlte See/Sturmflut

Zwischen dem zarten Morgen- und dem blutroten Abendrot gibt es meistens ein rasch wechselndes Wetter. „Morgenrot bringt Woder in de Sood" und „Abendrot mokt Wedder good", deutet der Einheimische die gern fotografisch festgehaltenen Sonnenauf- und -untergänge. Ebenso festhaltenswert sind die Augenblicke, wenn die Sonne plötzlich durch die Wolken hindurchbricht und alles aufleuchten läßt. *Das Beständige ist hier das Unbeständige.* Selten regnet es einen ganzen Tag, und ebenso selten sind Tage ohne Wolken. Nebelstunden klaren meist bald wieder auf, und Stürme können in wenigen Stunden in leichte Winde übergehen.

Ein unvergeßliches Erlebnis ist immer eine *Sturmflut.*

Helle Schönwetterwolken sagen
gutes Wetter voraus.

Kleine Schäfchenwolken künden
schlechtes Wetter an.

Tiefliegende, dunkle Wolken sagen
Wind und Regen an.

Wenn Westwind solche Wolken
bringt, bleibt es schön.

Dann donnern die Brecher so schwer auf die Deiche, daß sie sich unter den Füßen bewegen. Der harte Nordwest macht dann das Atmen schwer und ein Fortbewegen am Deich fast unmöglich. Die Gischt läßt Brillen und Fotoobjektive blind werden. Man staunt in die heranrollenden, sich überschlagenden Wassermassen.

Es ist keine seltene Überraschung, daß die Halligwarften über dem Watt schwebend erscheinen und weit entfernte Schiffe in der Luft „schwimmen". Das sind *Luftspiegelungen*, die wie eine Fata Morgana aussehen. Die über dem Wattenmeer liegende Luft besteht dann aus mehreren Schichten mit unterschiedlicher Temperatur und Dichte. Das Licht trifft flach darauf und wird reflektiert. Wenn sich bei ruhiger Wetterlage das Watt stark erwärmt, scheinen Halligen und Inseln unruhig in der Luft zu schweben.

Wie das Wetter wird, sagen uns Tageszeitung und Fernsehen. **Den wichtigen kurzfristigen Wetterbericht bekommen Sie unter Tel. 0 11 64, den mittelfristigen unter 01 16 09.**

Erlebenswerte Pflanzen- und Tierwelt

Es gibt in Deutschland trotz seiner relativ dichten Besiedlung großartige *naturnahe Landschaften.* Das Hochgebirge der Alpen, die klein gewordenen Moore, die Kulturrelikte Heiden, die baumbestandenen Mittelgebirge, die unberührten Flüsse und Bäche zählen zu den ökologisch wertvollsten Landschaften Mitteleuropas. Das Wattenmeer an der schleswig-holsteinischen Westküste ist besonders großflächig und vielgestaltig.

Große Bereiche unseres Wattenmeeres können – ausschließlich von geologisch-biologischen Vorgängen und kosmisch-atmosphärischen Kräften gestaltet – als *Naturlandschaft,* teilweise sogar als *Urlandschaft* bezeichnet werden. Die Grenzen sind fließend und verlagern sich ständig. Es ist ein relativ intakter, amphibisch geprägter und täglich sich wandelnder Lebensraum. Auf Zutransport (Eintrag von Sedimenten) aus Nordsee und Binnenland angewiesen, steht das Wattenmeer im Gegenzug durch seine Klärwirkung im Dienste der Nordsee.

Durch *viele abiotische und biotische Faktoren* gestaltet, ist hier – ökologisch gesehen – ein einmaliges Ökosystem entstanden, das vor allem durch seine den extrem harten Lebensbedingungen angepaßten Pflanzen und Tieren und die erstaunlich große *Biomasse* (alle Pflanzen und Tiere) besticht. Die *Produktivität* ist so groß, daß sie mit der Leistung eines fruchtbaren Ackers (80 dz Weizen je ha) verglichen werden kann. Dort sind vor allem die Kulturgräser die Produzenten, hier die Kleinpflanzen. In einem einzigen Liter Wasser können bis zu 10 Millionen Algen leben, die mit Hilfe der Sonnenenergie aus Wasser, Kohlendioxid und Nährsalzen – sie sind die begrenzenden Faktoren – Unmengen von Assimilaten und Sauerstoff erzeugen. Aus ihnen werden Pflanzen aufgebaut, die Tieren als Nahrung und Sauerstofflieferanten dienen. Pflanzen und Tiere leben in einem ungemein komplizierten Beziehungsgefüge, in dem Seevögel, Seehunde und nicht zuletzt die Menschen als Endglieder der Nahrungsketten die Spitzenregulatoren sind. Alle Organismen sterben schließlich ab, werden

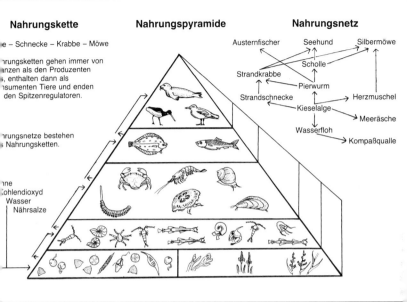

durch Bakterien in ihre mineralischen Bestandteile zerlegt und dienen wieder Pflanzen und Tieren als Nahrung.

Im Wattenmeer leben etwa *4000 Pflanzen- und Tierarten*, davon über 1000 am Boden, mehr als die Hälfte davon mikroskopisch klein. Das sind – gemessen an der unvorstellbar großen Zahl von Pflanzen und Tieren – relativ wenige Arten. Die wunderbare, im Laufe von Millionen von Jahren in der Evolution erworbene Anpassung befähigt sie zum Leben im Grenzraum Land/See. Die Tierwelt des Wattenmeeres weist Vertreter fast aller Tierstämme auf, vom Einzeller bis zum Seehund. Keine Art kommt ausschließlich hier vor. Die Zahl der Organismen einer Art wird weniger durch Freßfeinde, mehr durch das Nahrungsangebot reguliert.

Es ist ungemein schwer, eine Landschaft ökologisch betrachten zu wollen. Gehören doch zur *Ökologie* nicht nur Pflanzen- und Tierwelt (biotische Faktoren), sondern auch die sie bestimmenden abiotischen Faktoren Boden, Wasser, Luft, Klima usw. sowie die vom Menschen verursachten Faktoren und die Wechselbeziehungen untereinander.

Wenige Arten von Salzpflanzen

Kochsalz im Boden ist in höherer Konzentration für die meisten Pflanzenarten tödlich. Sie brauchen zum Aufbau von organischen Substanzen Wasser, das sie mit Hilfe der *Osmose* aufnehmen. Zellsaft mit niedrigerer Salzkonzentration fließt dabei durch halbdurchlässige Trennwände in Zellen mit höherer Konzentration. Funktioniert der lebenswichtige Vorgang wegen einer zu hohen Konzentration im Boden nicht, stirbt die Pflanze. Die Salzwasserpflanzen haben im Laufe von Jahrmillionen unterschiedliche, fast raffiniert anmutende Strategien entwickkelt, um den schädlichen Einfluß des Kochsalzes auszugleichen. Das ist hier nur etwa 25, also relativ wenigen Arten gelungen. Sie können nun ohne nennenswerte Konkurrenz leben und enorme Zahlen erreichen.

Manche Pflanzen erhöhen die Konzentration des Zellsaftes, andere (Salzbinse) werfen salzgefüllte Blätter ab. Viele Arten (Queller) sind einjährig und geben das Salz Ende des Jahres mit den oberirdischen Teilen wieder ab. Andere (Wegerich) besitzen dickfleischige Blätter mit hohem Speichervermögen, manche (Strandwermut) pelzige, verdunstungsmindernde Überzüge auf den Blättern. Die Salzmelde trägt auf der Blattoberseite als Verdunstungsschutz häutige Schuppen. Grasnelke, Strandflieder, Strandaster, Milchkraut und Schlickgras geben überschüssiges Salz als Schuppen oder Kristalle (Lupe!) durch Drüsen (bis 500 je ccm) ab. Die Salzbinse sucht mit bis zu 1,5 m langen Wurzeln Wasser in salzärmeren Schichten. Keilmelde und Salzmelde lagern das überschüssige Salz in Haaren und stoßen sie ab. Der Queller erhöht die Salzkonzentration

Obere Salzwiese

Mittleres Hochwasser
(1) (2) (3) (4) (5) (6)   Abb. S. 93

durch sparsame Wasserabgabe (winzige Blätter) und assimiliert im Sproß.

Salzpflanze ist nicht gleich Salzpflanze. Es gibt salzbenötigende (Queller), salzliebende (Strandbeifuß) und salzertragende (Strandaster) Arten.

In und auf den Salzwiesen leben etwa *2000 Pflanzen- und Tierarten.* Eine natürlich verbliebene Salzwiese erzeugt jährlich je qm 2 kg Biomasse, die vielen Tieren dort das Leben erst ermöglicht.

Wo welche Pflanzenarten leben können, hängt von der Zahl und der Dauer der Überflutungen, vom Salzgehalt im Boden, von der Bodenfeuchtigkeit, von der Intensität der Beweidung und von den Nährstoffen im Boden ab. So entstehen – ohne harte Grenzen – *drei typische Zonen,* die sich an Prielrändern auf kleinstem Raum ähnlich ausbilden können.

Zonierung im Vorland

Obere Salzwiese
Höchste Flächen in Deichnähe, bis 1 m über dem mittleren Hochwasser, nur von hohen Sturmfluten erreicht. Rotschwingel (1), Strandwegerich (2), Strandnelke (3), Strandwermut (4), Strandaster (5), Strandflieder (6)

Untere Salzwiese
40 cm unter bis 40 cm über dem mittleren Hochwasser, jährlich 300 Überflutungen. Andel (7), Keilmelde (8), Stranddreizack (9), Milchkraut (10), Salzmiere (11), Strandsode (12)

Wattwiese
Zwischen freiem Watt und unterer Salzwiese, häufig überflutet. Queller (1), Schlickgras (2), Kleines Seegras (3), Großes Seegras (4), Blasentang (1), Knotentang (2), Meersaite (3), Meersalat (4), Darmtang (5), Borstenhaar (6)

tere Salzwiese | Wattwiese
(9) (10) (11) (12) | (1) (2) (3) (4) – (1) (2) (3)
Abb. S. 93 | (4) (5) (6) Abb. S. 95

Auf Salzwiesen und Halligen

Obere Salzwiese

5–8 = Blütezeit: Mai bis August, 30 cm = Höhe
1 *Rotschwingel*
    Gras mit rötlichen, überhängenden Rispen. 5–8. 30 cm
2 *Strandwegerich*
    Schmale, fleischige Blätter, volle Fruchtstände. 6–9. 30 cm. Früher als Gemüse gegessen. Beliebtes Gänsefutter.
3 *Strandnelke*
    Rosa Blüten. 5–10. 10 cm. Beweidung fördert Wuchs.
4 *Strandwermut*
    Kräftige Sprosse, stark wermutartig riechend. 7–10. 50 cm. Flohkraut (zum Vertreiben der Kleintiere).
5 *Strandaster*
    Hohe Staudendickichte. Violette Korbblüten. 6–10. 1 m. Von nektar/pollensuchenden Insekten beflogen.
6 *Strandflieder*
    Bekannteste, blau blühende Salzstaude, früher Trockensträuße, jetzt auch außerhalb von Schutzgebieten als Art geschützt. Pflücken wird bestraft. 7–9. 30 cm.

Untere Salzwiese

7 *Andel*
    Charakterpflanze, durch lange Ausläufer dichten Rasen bildend, Schutz gegen Sturm- und Eisfluten. Schmeckt süß, weil die Wurzeln kein Salz aufnehmen. Von Schafen und Gänsen gern gefressen. 6–9. 40 cm
8 *Keilmelde*
    Einziger mehrjähriger Halbstrauch mit grauen, liegenden Ästen. Beweidungsempfindlich. 7–9. 40 cm
9 *Stranddreizack*
    Dem Strandwegerich ähnlich, aber mit losen Fruchtständen. 5–8. 30 cm.
10 *Milchkraut*
    Gegenständige, elliptische Blätter, rosa Blüten am Stengel. 6–8. 10 cm. Soll als Futter Milchleistung steigern.
11 *Salzmiere*
    Ästige Pflanze mit schmalen Blättern, rosa Blüten und langen Samen. 5–9. 15 cm.

12 *Strand-Sode*
Schmale, graugrüne Blätter, kleine Blüten an den Blatt-
achseln. 7–9. 20 cm.

In Watt und Wattenmeer

Wattwiese

1 *Queller*
Einem Mini-Säulenkaktus ähnlich, gelenkige Triebe, winzige Blätter und Blüten, bis 100 000 Samen je Pflanze, einjährig, im Herbst rot. 8–10. 20 cm. Saugkräfte von bis 300 Atmosphären. Pionierpflanze.

2 *Schlickgras*
Schilfähnlich, meist in Horsten stehend. 7–10, 70 cm. 1870 als Bastard an der englischen Küste entstanden, durch eine Mutation wieder fruchtbar. 1927 an der schleswig-holsteinischen Westküste gepflanzt. Wegen Bultenbildung und möglicher Bodenausspülungen für den Küstenschutz nachteilig. Wird vom Vieh nicht gefressen.

3 *Echtes Seegras*
80 cm / 4 *Zwerg-Seegras* 30 cm
Bandartige Blätter (beim Zwerg-S. kurz, beim Echten S. lang). Einzige Blütenpflanze, die unter Wasser (durch Pollen) bestäubt wird. 6–9. Der Wurzelstock überwintert. In strömungsarmen Bereichen, von Kleintieren bewohnt. Nahrung von Ringelgänsen und Pfeifenten. Früher in Matratzen gestopft.

Algen

Pflanzen einer niederen Evolutionsstufe (Evolution = Entwicklung der Organismen im Verlauf der Erdgeschichte), zählen zu den Niederen Pflanzen. Im Wattenmeer sind sie die „wichtigsten" Pflanzen. Vor allem die nur Zehntel-mm kleinen, einzelligen *Kieselalgen* bevölkern in unvorstellbaren Zahlen Watt (auf 1 ccm mehrere Millionen von 200 Arten) und Wattenmeer. Mitunter sehen sie aus wie eine Verunreinigung (Öl). Wie wir bei Sonne aus den vielen Bläschen darüber erkennen, erzeugen sie, die Nährstoffe durch die Oberfläche aufnehmend, nicht nur 80 % der Erstproduktion, sondern auch große Mengen von Sauerstoff. Im Sommer können sie sich von Tag zu Tag zahlenmäßig verdoppeln. Sie kriechen bei auflaufendem Wasser in den Boden und später zum Assimilieren wieder an die Oberfläche. Die Winzlinge bilden oft die Knoten der Nahrungsnetze.

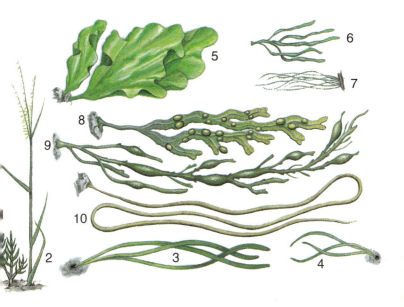

Grünalgen
Etwa 20 Arten, ohne Wurzeln, heften sich mit Haftscheiben fest.
5 *Meeressalat*
   Lappenförmig, jung festsitzend, alt im Wasser treibend.
6 *Darmalge*
   Bis 30 cm lang mit flachen, gewellten Bändern
7 *Borstenhaar*
   30 cm lange, dünne Fäden, oft in Pierwurmtrichter gezogen.
Braunalgen
Heften sich fest, in sonnenreichen Sommern zahlreich
8 *Blasentang*
   Bis 1 m lang, paarige Schwimmblasen an den Mittelrippen
9 *Knotentang*
   Bis 1,5 m lang, ohne Mittelrippe, Luftblasen einzeln
10 *Meersaite*
   Bis 4 m lang, drehrund, hohl, unverzweigt.

Eindrucksvolle Tierwelt

Obzwar es bekannt ist, daß es ohne Pflanzen keine Tiere gäbe, interessiert man sich für Tiere weit mehr. Sie sind beweglich, können weglaufen, reagieren auf Annäherung und verteidigen sich. Das Wattenmeer bietet zu beobachtende Tiere in so erfreulich großer Zahl, daß es jeder Gast als abwechslungsreich, interessant und aufsuchenswert empfinden muß.

Daß das Wattenmeer ein *extremer Lebensraum* ist, wurde für die Pflanzenwelt bereits nachgewiesen. Den Tieren machen der stark schwankende Sauerstoffgehalt des Wassers und des Bodens , der Wechsel des Salzgehalts durch Niederschläge und Verdunsten, die jahreszeitlich und täglich großen Temperaturunterschiede, das Trockenfallen und das Überfluten, das ständige Umlagern des Bodens, die Vereisung in harten Wintern und die Gasbildung im Boden das Leben schwer. Nur diesen Umwelteinflüssen angepaßte Tiere können hier überleben. Über die Vielfalt an *Formen der Anpassung* wird der Naturfreund im Wattenmeer oft staunen. Er wird sich über immer anzutreffende Arten und Gastvögel freuen, wird bei Invasionen nach der Herkunft, bei Massenvermehrung nach den Gründen fragen und bei Epidemien mitfühlen.

In einem Milliliter Meerwasser leben bis zu 5 Millionen Bakterien. Sie sind Ernährungsgrundlage für viele Kleintiere, vor allem aber für den Abbau von Schadstoffen von kaum zu erahnender, noch weitgehend unerforschter Bedeutung. Auf dem Wattboden leben etwa zehnmal so viele Tiere wie in der tiefen Nordsee. Im Wattenmeer sollen es *1600 Tierarten* sein, von denen mehr als 90 % keinen deutschen Namen haben. Alle haben ihre ökologische Nische, auf die sie sich spezialisiert haben, in der sie bei der Vermehrung, der Nahrungsuche und dem Schutz vor Feinden anderen Arten kaum oder gar nicht ins Gehege kommen. Viele Tiere müssen wandern, um sich bei Ebbe in den Boden zurückzuziehen oder bei Flut vor Strömungen zu schützen.

Auch im Wattenmeer herrscht das *Gesetz des Verzehrens und des Verzehrtwerdens.* Nach einer Änderung der Lebensbedingungen können sich Arten explosionsartig vermehren, andere aussterben. Sicher ist, daß das Wattenmeer mehr Beutetiere aufweist als zur Ernährung der auf sie angewiesenen Tiere nötig sind.

Es könnten viele Beispiele für die ideale Anpassung an das Leben im Wattenmeer gebracht werden. Greifen wir uns den Seestern heraus. Der Wattführer hat ihn öfters in der Gliep, wenn er in einem tieferen Priel fischt. Der jedem Kind bekannte *Seestern* gehört zu den Stachelhäutern, was leicht zu erkennen ist, indem man mit dem Finger über ihn streicht. Er hat keinen Kopf und keine Beine, aber fünf „Arme". Rotbraun bis dunkelviolett gefärbt, kann er einen Durchmesser von 30 cm erreichen. An der Unterseite fällt die kleine Körperscheibe, an den Armspitzen der rote Augenfleck auf. Fortbewegen kann er sich, zwar nur im Schneckentempo, mit seinen vier Reihen von Scheinfüßchen mit Saugnäpfen an der Unterseite. In sie pumpt er Wasser, wenn er sie lösen will und entläßt dort das Wasser, wo er sich festsaugen möchte. In die weiße Beobachtungsschale gesetzt, sieht er ganz und gar harmlos aus, ist in Wirklichkeit aber ein gefräßiger *Beutegreifer*. Miesmuscheln überwältigt er in etwa einer Stunde, indem er die Atemöffnung abdeckt, mit seinen Saugfüßchen die Schalen auseinanderzieht, den Magen aus dem eigenen Körper heraus über den Muschelkörper stülpt, mit dem giftigen Magensaft die Muschel lähmt und schließlich die Weichteile der Muschel verdaut. Er frißt auch Schnecken, Einsiedlerkrebse und Garnelen, kann dabei mit seinem Magen kleine Tiere vom Boden aufnehmen. Feinde hat er fast nur als Jungtier. Sollte eine Möwe einen Arm abnehmen, regeneriert er sich in wenigen Wochen. Die *getrenntgeschlechtlichen Tiere* entlassen Samen und Eier ins Wasser, wo durch Verschmelzen die Befruchtung stattfindet. Die Larven schwimmen – ein weiterer Vorteil für die Arterhaltung – frei und entwickeln sich oft nach kilometerweitem Verfrachten zu Jungseesternen.

Bitte auch tote Seesterne nicht im Ferienzuhause zum Souvenir trocknen lassen! Er läßt sonst alle Bewohner ohne Schnupfen fluchend flüchten.

Bitte nach Wattwanderungen keine lebenden Tiere mitnehmen! Sie sind durch das Nationalparkgesetz alle geschützt! In den Informationszentren können sie in Aquarien beobachtet werden. Vor allem während der Fütterungszeiten ist es lohnend, sie aufzusuchen. Betreuer beantworten Fragen.

Winziges Plankton

Ein Blick in ein Mikroskop (Binokular) ist immer ein Erlebnis besonderer Art, wenn der Hohlschliff des Objektträgers eine *Probe mit Plankton* enthält. Mehrere Informationszentren stellen interessierten Naturfreunden Planktonnetze mit verschiedenen Maschengrößen, Kleinaquarien und Mikroskope zur Verfügung, um ihnen einen Blick in die viel zu wenig bekannte *Welt der schwebenden Organismen* zu ermöglichen. Manche Zentren bieten Mikroskopiernachmittage an, die zu nutzen immer lohnt. Viele Tiere des Wattenmeeres leben unmittelbar oder mittelbar von einzelligen Algen, die als Plankton im Seewasser schwimmen. Als wichtigste Erstproduzenten erzeugen sie durch die Photosynthese enorme Mengen von organischem Material und Sauerstoff. 1 Liter Seewasser enthält bis zu 5 Millionen Algen.

Die aus den Binnengewässern bekannten artenreichen Gruppen der *Wasserflöhe* (1a, 1c) und *Ruderfüßer* (1b) erkennen wir bald wieder. Zum Bestimmen der vielen Formen von *Larven* (Strandkrabbe 2a, Hering 2b, Garnele 2d, Seeigel 2e, Muschel 2f), *Geißeltierchen* (Meeresleuchttierchen 4a, Panzergeißler 4b) und *Würmern* (Pfeilwurm 2c) benötigen wir schon Bestimmungshilfen, möglichst die Mithilfe eines erfahrenen Wattbiologen. Vor allem die Fülle der zu beobachtenden Plankter (Pflanzen und Tiere ohne oder mit geringer Eigenbewegung) ist zunächst verwirrend. Nun glaubt man, daß in einer Tasse Seewasser – ohne daß man sie mit bloßem Auge sieht – bis zu 50 000 Organismen schwimmen können. Relativ leicht zu beobachten sind die formenreichen, oft schachtelförmigen *Kieselalgen* (3) aus dem Bodensatz, die sich durch Teilung (die untere Hälfte bildet sich neu) vermehren.

Interessante Kleinsttiere sind auch die *Lochträger* (5). Die millimetergroßen einzelligen Kalkschaler schrauben sich vor dem Trockenfallen korkenzieherartig ins Watt und strecken nur die Scheinfüßchen über die Bodenoberfläche. Die scheiben-, teller-, türme- und spiralförmigen Kalkgehäuse bieten noch nach Jahrmillionen als Fossilien Hinweise auf die damalige Tierwelt. Die oft massenhaft auftretenden Winzlinge ernähren sich von Kieselalgen.

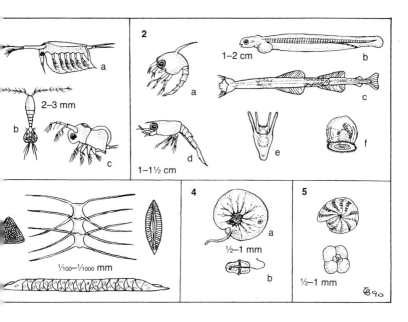

Ein unvergeßliches Erlebnis ist für den glücklichen Spätwanderer das *Meeresleuchten.* Dann leuchten die Brandungswellen grün auf. Auch Hände und Füße werden, in das Wasser getaucht, grün. Badende erscheinen hellgrün. Ein in das Wasser geworfener Stein erzeugt glühende Kreise, Sand tausendfaches Aufblitzen. Auffliegende Vögel scheinen grün gestrichen zu sein. Der Fußabdruck im feuchten Sand ist grün, ein in den Sand gekratztes Wort zu lesen. Bitte dann schnell Bekannte und Nachbarn benachrichtigen! Verursacher dieses begeisternden Schauspiels ist ein stecknadelkopfgroßer, kugelförmiger Einzeller, das Meeresleuchttierchen Noctiluca miliaris (4a). Was in den Tierchen vor sich geht und ob sie dann auf Partnersuche sind, ist noch nicht geklärt. Sie können an gewitterschwülen Juli- und Augustabenden mit einem Perlonstrumpf gefangen und in einem von hinten beleuchteten Schraubglas gut beobachtet werden. Wir gießen den Inhalt des Glases wieder in die Nordsee. Auch Meeresleuchttierchen sind Lebewesen – und *Naturschutz ist unteilbar.*

Quallen und Blumentiere

Nur die Nesselzellen der Nesselqualle, die an sich ihre Beutetiere betäuben sollen, bringen bei Berührung der menschlichen Haut kleinste Mengen ihres Giftes in die winzigen Wunden des Badenden. Bei intensivem *Kontakt mit nesselnden Quallen* sollte man an Land schwimmen und trockenen Seesand auf die gerötete Stelle streuen oder Zitronensaft aufbringen. Bei starken Schmerzen sollte der Arzt aufgesucht werden.

Quallen schwimmen, weil es für sie ergiebiger ist, gegen die Strömung, bei Ostwind in Richtung Westküste, bei Westwind in die offene Nordsee. Sie treten deshalb bei ablandigem Wind vermehrt, bei gleichzeitig warmem Wetter besonders häufig auf. In letzter Zeit wurden sie zahlreicher, weil die Überdüngung der Nordsee mehr Nahrung zuführt und Lahnungen, Buhnen und Molen für die Polypen günstige Anheftungsmöglichkeiten bieten.

Quallen leben nur wenige Monate, entwickeln aber eine kaum vorstellbar *hohe Fruchtbarkeit.* Aus befruchteten Eiern entwickeln sich freischwimmende Larven. Sie setzen sich auf hartem Untergrund fest und wachsen zu 1 cm kleinen, einem Stapel Untertassen ähnlichen Polypen heran, die im Winter scheibchenweise junge Quallen in das Wasser abgeben. Im Mai haben sie dann die uns bekannte Größe. Quallen vermehren sich (durch Teilen des Polyps) ungeschlechtlich und (durch Befruchtung der Ei- durch Samenzellen) geschlechtlich. Bei intensiver Sonne sinken sie ab und kommen bei bedecktem Himmel durch pulsierende Bewegung des glockenförmigen Körpers (nach dem Rückstoßprinzip) wieder nach oben. Im Spätsommer liegen die Blumenkohlquallen als „Wackelpudding" – eines natürlichen Todes gestorben – in großen Zahlen wie blaue Riesenspiegeleier im Watt. Auf festen Boden gelegt, bleibt von ihr nur eine dünne Haut nach. Quallen bestehen *zu 98 % aus Wasser.*

Quallen leben räuberisch. Sie ernähren sich von im Wasser schwebenden Pflanzen und Tieren, auch von vorbeischwimmenden Fischen und Krebsen. Sie fangen ihre Beute, indem sie sie mit Hilfe der auf den Tentakeln befindlichen Nesselzellen betäuben. Bei Berührung

schnellt ein Giftstachel heraus und dringt in die Haut des Beutetiers ein.

Die *Kompaßqualle* (1) hat einen gelblichen Schirm mit braunen, zur Mitte zeigenden Streifen. Sie sind wie die Windrose eines Kompasses angeordnet. Nesselt nur gering.

Die *Nesselqualle* (2) ist mit einem Schirmdurchmesser von 20 cm relativ klein, bläulich gefärbt und hat an der Unterseite feine Fangarme. Das Gift der Nesselzellen führt zu Schmerzen.

Die *Ohrenqualle* (3) hat eine tellerförmige, 30 cm breite Glocke, viele Randtentakeln und vier kräftige Mundarme. Oben schimmern die vier ohrenförmigen Geschlechtsorgane durch.

Die *Blumenkohlqualle* (4) hat einen blauen, bis 40 cm breiten Schirm mit 8 verwachsenen Mundlappen, die in ihrer Kräuselung an Blumenkohl erinnern. Nesselt nicht, ist also ungefährlich.

Die rundliche, 1 cm dicke, durchsichtige *Seestachelbeere* (5) tritt vor allem im Frühsommer in Massen auf.

Die zylindrische *Seenelke* (6) trägt bis zu 1000 Tentakeln, vermehrt sich ungeschlechtlich durch Teilen der Fußscheibe.

Der Körper der unterschiedlich gefärbten *Seerose* (7) kann seine 100 Tentakeln einziehen.

Genügsame Würmer

Vom **Pierwurm** (1) ist zuerst das zu sehen, was er als unverdaulich ausscheidet. Im Mischwatt fallen die vielen Häufchen aus Sandwürsten auf, bis zu 40 auf einem qm. Als ob jemand graue Zahncreme aus einer unterirdischen Tube gedrückt hätte. Die Kotschlingen, nach Herkunft gefärbte Verdauungsreste, werden häufig als Watten-Spaghetti bezeichnet. Die unterschiedliche Dicke läßt auf das Alter des Wurms schließen. Mit Glück kann man beobachten, wie eine Schlinge – jeweils nach einer halben bis zu einer Stunde – das unsichtbar bleibende Charaktertier des Mischwatts verläßt. Wie ein riesiger Regenwurm sieht der fingerdicke, runde und bis 30 cm lange *Wattwurm* aus, besteht aus drei Körperabschnitten. Dem verdickten Vorderende folgt das Mittelstück mit 13 rötlichen Kiemenbüscheln und das dünne Hinterende. Es bildet beim Männchen die Hälfte, beim Weibchen ein Drittel des Tieres. Das Mittelstück ist dunkel und nur das helle Hinterende ohne Kiemen und Borsten. Beim Aufgraben fällt zunächst 20 bis 30 cm tief eine *L-förmige Röhre* auf, Freß-, Wohn- und Kotgang des originellen Wurms. Sie hat eine helle Auskleidung, den für den Sauerstoff des Wassers erreichbaren Oxidationsmantel und endet unter Kringel und Freßtrichter. Beim Fressen liegt er im waagerechten Wohngang, frißt durch Ausstülpen seiner Rüsselschnauze das durch den Freßtrichter nachgerutschte und dann über dem Maul liegende Gemisch von Boden sowie Pflanzen- und Tierresten. Im Darm entnimmt er die verdaubaren Stoffe und scheidet durch das Hinterende das in Schleim gehüllte Unverdauliche aus. Auf diese Weise läßt er pro Jahr und ha 3000 Tonnen Mischwatt durch den Körper wandern. Das Atemwasser pumpt er durch abwechselndes Zusammenziehen der Längs- und Ringmuskeln aller 100 Segmente an den Kiemen vorbei von hinten nach vorn. Die im Herbst bei Springtide abgegebenen Ei- und Samenzellen verschmelzen in der Wohnröhre. Nach zwei Jahren ist der Wattwurm geschlechtsreif und wird etwa 6 Jahre alt. Auch dann, wenn ihm Scholle, Strandkrabbe, Austernfischer oder Brachvogel ein Stück des Hinterendes abbeißen. Dann strecken sich die restlichen Segmente, und der Pierwurm wächst auf

seine ursprüngliche Länge. Das kann mehrfach erfolgen. Untersuchen wir daraufhin unseren Wurm und beobachten wir, wie er sich wieder eingräbt!

Der **Seeringelwurm** (2) macht durch geweihartig verzweigte Kriechspuren auf sich aufmerksam. Sie entstehen, indem er mit dem Vorderkörper rund um den Wohngang Algen abweidet. Der platte, bis 10 cm lange, einen halben cm breite und unterschiedlich gefärbte Wurm (Männchen heller) zeigt am Rücken ein rotes Blutgefäß und hat Scheinfüßchen mit Borsten. Er lebt in 40 cm tiefen, senkrechten Röhren und bewegt seine 100 Segmente tausendfüßlerartig. Die Eier werden im Muttertier befruchtet. Länger einwirkendes Sonnenlicht tötet ihn.

Der dunkelrote, dünnfädige **Fadenwurm** (3) ist bis zu 10 cm lang, aber nur 1 mm dick, weshalb er beim Untersuchen leicht reißt. Bis zu 1000 Tiere des „Gummibandwurmes" (Kotpillenwurms) leben unter 1 qm.

Der 5 cm lange **Bäumchenwurm** (4) ist das Charaktertier des Sandwatts. Seine dünnen Röhren aus Sandkörnchen ragen oft an der Niedrigwasserlinie von Prielrändern aus dem Watt.

Unerwartete Insekten . . .

Vögel erwartet man im Watt, auch Muscheln und Schnekken. Aber **Insekten und Spinnen?** In unbeweidetem Vorland und naturnahen Halligbereichen bis zu 3000 auf einem qm! Voraussetzung ist natürlich, daß auch sie sich sinnvolle *Überlebensstrategien* entwickelt und sich an diesen für Insekten harten Lebensraum angepaßt haben. Erstaunlich der Erfindungsreichtum der Natur: Manche Spinnen nutzen das aufgestellte Hinterteil als Segel. Käfer können ab Wasseroberfläche fliegen. Fliegen haben einen Luftvorrat unter den Flügeln. Rüsselkäfer leben in den Hohlräumen bestimmter Pflanzenarten. Viele Insekten haben sich auf regelmäßige Überflutungen eingestellt. Blattläuse (über 100 Arten), Fliegen, Kleinspinnen, Gallmücken und Insektenlarven haben sich auf bestimmte Salzpflanzen spezialisiert, eine Schwebfliege auf die Strandaster.

Mehr als 40 Spinnen- und Milbenarten sind im Vorland zu Hause. Reich an Insekten ist der Treibselwall. Neben den bereits erwähnten Schwebfliegen sei der *Strandfloh* (1) herausgegriffen. Das gut 1 cm lange Krebschen springt bis zu 30 cm weit und kann sich schnell in den Sand graben. Zurück bleiben nur kleine Löcher und Sandhäufchen. Sie verraten uns, wo Strandflöhe den Tag verbringen.

Die *Gelbe Wiesenameise* (2) baut im Vorland und auf Halligen einen Hügel, aus dem sie nicht wieder herauskommt. Sie soll sich von Ausscheidungen von Blattläusen ernähren und bei drohendem Landunter die Eingänge abdichten.

An schwülen Tagen fliegen in dichten Schwärmen millimeterlange „Gewitterfliegen" an und setzen sich auf alles Helle, sogar auf weißgekleidete Badegäste. Vor ihnen zu flüchten ist wenig erfolgreich, sie sind schneller. In längeren Zeitabständen treten auch Libellen an der Küste in Massen auf.

In der Insektenwelt des Wattenmeeres zahlreich vertreten sind die **Käfer**. Der *Strandflieder-Spitzmäuschen-Rüsselkäfer* (3) – so heißt er wirklich – ist gut an den Fraßspuren der lederartigen Blätter festzustellen. Die Eier legt er in freiliegende Wurzelteile. Es dauert fast ein Jahr, bis aus Ei,

1
2
3
4
5

6
7

Larve und Puppe im Sommer der Käfer schlüpft. Im Stengel des Strandwegerichs ist öfters eine Verdickung (Galle) mit der Larve eines weiteren Rüsselkäfers zu erkennen.

Für viel Aufregung und noch mehr Rückfragen sorgen im Sommer mitunter in Massen auftretende und tot an Land gespülte *Siebenpunkt* (4). Es ist nicht bekannt, wo und warum die Invasionen ausgelöst werden.

Auf festem Mischwatt fallen uns viele dicht beieinander liegende helle, krümelige Sandhäufchen auf. Bis zu 500 auf einem qm können es sein. Darunter leben in ihren Taucherglocken die 1 cm langen *Salzkäfer* (5) mit ihren roten Flügeldecken. Bis zu 10 Tage können sie Überflutungen überleben, indem sie die Röhren mit Erde verstopfen. Wenn die Landunter länger dauern, lassen sie sich an Land treiben. Im Herbst wandern sie auf höher liegende Flächen, wo sie die Röhren nicht so oft verstopfen müssen.

Erstaunlich viele **Schmetterlinge** kann man im unbeweideten Vorland beobachten, neben mehreren Arten von Nachtschmetterlingen vor allem das *Tagpfauenauge* (6) und den *Kleinen Fuchs* (7).

Ungefährliche Krebse

Es ist recht aufschlußreich zu beobachten, wenn der Wattführer die erste ausgewachsene Strandkrabbe aus der Gliep
(Schiebenetz) holt. Nach dem üblichen ersten Ansturm auf
das zu Sehende geht man mit „Iieh" auf Distanz. Grund
dafür sind wohl die drohend gespreizten Scheren. Man
kann sich von der Strandkrabbe unbedenklich kneifen
lassen.

Die meisten *Krebstiere* leben am Boden. Alle haben ein
starres Außenskelett, das kaum wachsen kann. Um wachsen zu können, müssen sie die zu klein gewordenen Panzer
abwerfen und einen neuen, größeren aufbauen. Dann sind
die „Butterkrebse" häufig Beute größerer Wattbewohner.

Die **Garnele** (1) wird meistens als Krabbe bezeichnet,
obwohl sie es als Langschwanzkrebs im biologischen Sinne
nicht sein kann. Das gut 5 cm lange Männchen und das bis
7 cm lange Weibchen tragen eine dem Untergrund entspre-
chende Schutzfarbe und sind fast durchsichtig. Am Kopf
sitzen zwei Fühlerpaare und am Hinterleib ein Schwanz-
fächer.

Der **Einsiedlerkrebs** (2) ist der Diogenes der Krebse. Jung
lebt er in Gehäusen der Watt-, dann der Strandschnecke,
ausgewachsen in denen der Wellhornschnecke. Anato-
misch gut angepaßt, ist seine linke Greifschere kurz und
die rechte Knackschere wesentlich kräftiger, der weiche
Hinterleib spiralförmig. Krebs und Seeanemone bilden eine
Symbiose, indem sie ihn zusätzlich schützt und er von ihr
mit weiterem Futter versorgt wird.

Der höchstens 1 cm lange **Schlickkrebs** (3) ist hellbraun
und lebt in 5 cm tiefen schleimverfestigten, u-förmigen
Röhren. Auf 1 qm leben bis zu 20 000 Exemplare. So ist es
zu erklären, daß diese winzigen Tiere das an windstillen
Tagen gut hörbare *Wattsingen* veranstalten. Zwischen den
beiden großen Fühlern platzen dann beim Fressen Luftbläs-
chen.

Die **Strandkrabbe** (4), oft Krebs genannt, lebt überwiegend in nicht leerlaufenden Prielen. Das ausgewachsene
Tier ist graugrün und hat einen 6 cm breiten *Kopfbrustpan-
zer* mit je 5 scharfen „Zähnen" zu beiden Seiten der gestiel-
ten Augen, dazwischen drei stumpfe Fortsätze. Sie stelzt

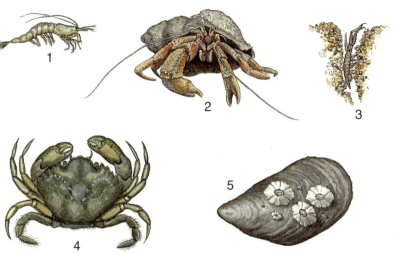

mit ihren 4 Schreitbeinen zur Seite weg und wird deshalb im Küstenplatt „Dwarslöper" (Querläufer) genannt. Weibchen haben einen breiten, Männchen einen schmalen Hinterleib. Ein am Panzer von hinten/oben gefaßtes Männchen streckt alle Beine von sich, das Weibchen deckt (die Eier schützend) den Hinterleib mit den Beinen ab. – Die befruchteten 100 000 Eier werden vom Weibchen unter dem Hinterleib getragen. – Sie ernähren sich als nachtaktive *Allesfresser* von Pflanzenteilen, Muscheln, Schnecken und Aas. Nach dem Trockenfallen können sie sich von Kiemen- auf Luftatmung umstellen. – Die Knieper werden gern von Möwen verzehrt, indem sie sie ganz verschlingen oder aushacken.

Die nur 1,5 cm große, grauweiße **Seepocke** (5) wird selten als *Krebstier* erkannt, sondern beim Wattwandern oft als lebloses Hindernis angesehen. Die aus 6 Mantel- und 2 Abdeckplatten bestehenden Mini-Vulkane beherbergen den mit dem Kopf nach unten festsitzenden Krebs, der bei Überflutung mit seinen gefiederten Fangbeinen Plankton aus dem Wasser schlägt. Er kann mit Luftsauerstoff wochenlang ohne Wasser leben.

Zahllose Muscheln

K.=Kennzeichen,   A.=Anpassungen,   E.=Ernährung,
F.=Feinde, Ö.=Ökologische Bedeutung, B.=Besonder-
heiten

Alle Ausflügler und Urlauber sammeln an der Nordseeküste Muscheln. Dann sind es aber keine lebenden
Muscheln, sondern nur noch die Schalen der schon vor
Monaten oder gar Jahren gestorbenen Tiere. Fachleute
bestimmen die 80 Arten von Muscheln unserer Küsten
nach Art und Form des Schlosses (verbindet die beiden
Schalen). Uns genügt es zunächst, die häufigsten Formen
an besonders auffallenden Kennzeichen zu erkennen. Noch
interessanter werden die bei alt und jung beliebten Funde,
wenn man einiges über ihre Herkunft und aus ihrer Biologie weiß.

Wo finden wir Muschelschalen, von Fachleuten Klappen
genannt? An sich überall, besonders reichlich aber am
Grunde von Prielen. Die lebenden kopflosen Tiere – sie
wollen wir ja auch kennenlernen – leben überwiegend im
Boden. Nur Miesmuschel und Auster leben *oberirdisch*,
die anderen Arten in für jede Art typischen Etagen des
Wattbodens. Die *unterirdisch* lebenden Arten schützen
sich dort vor dem Gefressenwerden, passen sich schon in
ihrer Oberseitenstruktur dem Leben unter Tage an. Ernähren können sich die Unterirdischen aber nur von dem, was
im Wasser schwimmt. Dazu sind Organe nötig, die die
Verbindung zwischen Nahrungsraum und Tier herstellen.
Es sind in den meisten Fällen sogenannte *Siphone*. Das
sind schnorchelartig funktionierende Schläuche, die je ein
Ein- und Ausströmrohr oder beides enthalten. Durch sie
werden Nahrung und Atemwasser durch einen von Flimmerhärchen der Kiemen erzeugten Wasserstrom aufgenommen, das Unverdauliche ausgeschieden. Nach der Art
der Nahrungsaufnahme unterscheidet man Strudler oder
Filtrierer (Mies-, Herz- und Klaffmuschel) und Pipettierer
(Tell- und Pfeffermuschel). Sie kann nur unter Wasser
erfolgen. Die Vermehrung erfolgt im Frühsommer durch
Ei- und Samenzellen. Die aus den befruchteten Eiern
geschlüpften Larven schwimmen zunächst frei und setzen
sich später auf geeignetem Boden fest.

Miesmuschel (1)

K.: langestreckte, gleich geformte Schalen, bis 7 cm lang (1 J.: 2 cm, 8 J.: 7 cm); Vorderseite zugespitzt; Oberfläche dunkelblau, Innenseite blauweiß glänzend; bis 15 Jahre alt – A.: Byssusfäden (salzwasserbeständig) aus der Byssusdrüse als Verdriftungsschutz; wandert nach Trennen des Byssusfadens; Wasservorrat für das Trockenliegen; Glykoproteine als „Frostschutzmittel" – E.: Plankton und Zerreibsel aus dem Nahrungswasser (2 Liter/Std.), durch Kiemen eingeflimmert – F.: Eiderente, Seestern, Strandkrabbe, Plattfische – Ö.: Miesmuschelbänke als Lebensraum vieler Pflanzen und Tiere, Saubermacher des Wattenmeeres – B.: bis 30 cm hohe Bänke durch Kotabgabe; Export nach Westeuropa, Natur- und Kulturbänke, „Auster des kleinen Mannes"; Verunreinigungen und Larven erzeugen Perlen.

Sand-Klaffmuschel (2)

K.: bis 12 cm lang und 200 g schwer; große, ovale, kräftige Schalen, auseinanderklaffend (für den Sipho); beide Seiten weiß, mitunter von Schwefeleisen eingefärbt; linke Schale mit, rechte ohne löffelförmigen Schloßfortsatz – E.: bis zu

40 cm langer, streckbarer, dickwandiger Doppelschlauch (Nahrungsaufnahme/Atmung, Ausscheidung), am Boden durch 2 cm große ovale Löcher zu erkennen; Wasserstrom durch Flimmerhärchen der Kiemen, Verdauung im Magen, Ausstoß durch Ausströmrohr; Wasserausstoß bei Bodenerschütterung ("Pisser") – F.: Fische, Vögel – B.: Sie stirbt bei Bodenabtrag und bleibt dann in Lebendstellung stehen. Wenn wir mit dem Finger über den Mantelrand streichen, fährt sie den Schnorchel aus.

Abgestutzte Klaffmuschel (3)

K.: bis 6 cm lang, Schalen am Hinterende fast gerade abgeschnitten.

Islandmuschel (4)

K.: schwer, bis 10 cm lang, dicke Schalen, nach vorn gebogener Wirbel, dunkle Schalenhaut.

Auster (5)

K.: unregelmäßig rundliche, bis 12 cm große, ungleich dicke Schalen; dachziegelartig übereinander liegende Wachstumsschichten. Gewölbte, festgekittete Unter- und flache Oberschale – Ö.: Austernkulturen (Fremdaustern) auf künstlich angelegten Bänken am Wattboden bei Sylt.

Herzmuschel (6)

K.: 7 Arten; herzförmig, bauchig; bis 5 cm breit, etwa 25 Rippen, wellenförmige Wachstumsringe (1 Ring=1 Jahr) durch konzentrisches Wachsen (im Winter langsamer), bis 8 Jahre alt; matt, gelblich bis schokoladenbraun – A.: schnelle Vermehrung nach Totalverlusten (lange Frostperioden); dicke Schale – E.: getrennte, unterschiedlich große Siphone – F.: Möwen (s. Speiballen), Austernfischer, Eiderenten, Brandenten – B.: verraten sich durch Doppellöcher im Boden; können mit Fußsohle und Hand erfühlt werden; "springen" bis zu einem halben Meter. Oft am Wirbel von der Nabelschnecke angebohrt. –

Bohrmuschel (7)

K.: langgestreckt, bis 7 cm lang, Hinterseite schmaler, viele Rippen, konzentrische Zuwachsstreifen; weiß bis gelblich – Ö.: raspelt mit ihren zähnchenbesetzten Schalen Gänge in Klei, Torf und Holz – B: Amerik. B. aus Amerika eingeschleppt.

Tellmuschel (8)

K.: bis 3 cm klein, dreieckig, gleichschalig, feine konzentrische Linien, dunklere Zuwachsstreifen; weiß, gelb oder rosa. – A.: bis zu 10 cm langer Sipho im Mischwatt.

Pfeffermuschel (9)

K.: bis 5 cm lang, oval, weißlich oder grau, dünnschalig.

Scheidenmuschel (10)

K.: bis 14 cm lang, langgestreckt, leicht gebogen – B.: um 1980 aus Nordamerika eingeschleppt, Massenvermehrung.

Feste Trogmuschel (11)

Stabile, dreieckige Schale mit abgerundeten Kanten.

Strahlige Trogmuschel (12)

K.: dünne Schale mit Farbstreifen zum Rand.

Dreieckige Trogmuschel (13)

K.: weißliche bis gelbliche, fast dreieckige Schale; Wachstumsstreifen durch Schwefelverbindungen dunkel.

Unauffällige Schnecken

Die **Strandschnecke** (1) lebt vor allem in der Nähe der Küste, auf Steinen, Pflanzen, Küstenschutz- und Hafenanlagen. Von dort unternimmt sie auf selbstgelegter Schleimspur Ausflüge und kehrt meistens an den Ausgangspunkt zurück. Dabei orientiert sie sich nach dem Stand der Sonne, ihr Wandern berücksichtigend. Sie saugt sich bei auflaufendem Wasser auf einer Unterlage fest. Mit ihrer Reibzunge weidet sie Algen vom Watt ab und wandert dabei auch unter Wasser. Wenn sie das Gehäuse durch ihren Horndeckel verschließt, kann sie mehrere Wochen ohne Wasser überstehen. Die Eiderente zerkleinert die Gehäuse in ihrem Magen. Die Gemeine Strandschnecke ist bis 2 cm hoch, grau bis dunkelbraun und kegelförmig, hat eine scharfe Spitze. Die Stumpfe Strandschnecke hat ein rundliches Gehäuse, eine sehr unterschiedliche Färbung und ist oben stumpf.

Die **Pantoffelschnecke** (2), erst im vorigen Jahrhundert aus Nordamerika nach England eingeschleppt, sieht äußerlich gar nicht aus wie eine Schnecke. Sie ist etwa 5 cm groß, hat die Form eines breiten Pantoffels und ist hellbraun gefärbt. Sie lebt gern auf Muschelansammlungen und wird dort durch das Wegstrudeln des Nahrungswassers zum Konkurrenten. In den ersten Jahren ist sie männlich, später ein Weibchen. Setzt sich eine Schnecke auf die andere, wird die obere zum Männchen. Paarungsketten bestehen aus mehreren Weibchen und einem oben sitzenden Männchen.

Die bis 2 cm hohen, hellbraunen, massiven Gehäuse der **Reusenschnecke** (3) weisen durch schräge und senkrechte Leisten eine gitterartige Oberfläche auf. Bei Gefahr schleudert sie das Gehäuse nach vorn und flieht so schneller als „zu Fuß".

Das turmförmige Gehäuse der **Wendeltreppe** (4) trägt senkrechte Rippen. Sie lebt räuberisch im Mischwatt.

Nur 5 mm messend, ist die gelb bis dunkelbraun gefärbte **Wattschnecke** (5) in ihrem spitzen Gehäuse die kleinste. Die rinnenförmigen Kriechspuren deuten hin auf ihre Weidegänge. Mit ihrer Raspelzunge nimmt sie vor allem Algen und Bakterien auf. Sich mit dem Fuß an der Unterseite des

Wassers an einem selbstgefertigten Schleimband festhal-
tend, läßt sie sich weit treiben und durch Fressen des
Schleimfladens wieder absetzen. Wenn ihr das Watt zu
trocken wird, vergräbt sie sich. Auf 1 qm können bis zu
20 000 dieser Winzlinge leben. Nach Stürmen enthalten
die Treibselwälle oft unzählige Gehäuse der Wattschnek-
ken. Zwecks Fortpflanzung kleben sie ihre Eipakete an die
Gehäuse der Artgenossen.

Das bis 10 cm lange *Gehäuse* der **Wellhornschnecke** (6a)
ist spindelförmig und kräftig, bräunlich bis weiß und hat
bis zu acht wellenförmige Umgänge. Das lebende Tier
bleibt auf festem Boden unter der Niedrigwassergrenze. Es
ernährt sich als Fleischfresser vor allem von Aas. Nicht
selten fallen im Treibselwall die bis faustgroßen *Eiballen*
(6b) der Wellhornschnecke auf. Bis zu 1000 Eier sind darin
enthalten, davon aber nur etwa zehn befruchtet. Alle anderen Eier sind die erste Nahrung der Jungschnecken. In
brandungsstarken Küstenbereichen finden sich häufig als
Zerfallstadien *Gehäusereste* (6c).

Vielfalt der Fische

Der große, vielgestaltige, nahrungsreiche, durch Flüsse und Kanäle mit dem Festland verbundene und nach Westen offene Biotop Wattenmeer beherbergt einen *großen Fischreichtum* mit *vielen Arten*. Für Scholle, Seezunge und Hering ist er das wichtigste Aufwachsgebiet.

Mit der Gliep fangen wir in den flachen Prielen nur kleine Fische weniger Arten. Zum Staunen kommen wir, wenn wir den Inhalt der Dredge (Schlepp-Fangnetz) eines Exkursionsschiffes vor uns haben. Mit ihr können in den tiefen Prielen auch größere Tiere gefischt werden.

Der **Wittling** (1) wird 30 cm lang, hat einen grünlichen Rücken und silbrige Seiten, hinter den Kiemen einen schwarzen Fleck. – Er ernährt sich von Krebsen. – Nicht selten sucht er zwischen den Tentakeln von Quallen vor Raubfischen Schutz.

Der als Jugendform mit **Dorsch** (2) und ausgewachsen als Kabeljau bezeichnete Fisch wird bis zu 1 m lang und 10 kg schwer. 3 Rücken- und 2 Afterflossen, die helle Seitenlinie und die bräunliche Färbung mit oberseitlicher Sprenkelung sind seine Kennzeichen. – Jungdorsche kommen im Herbst und Winter in das Wattenmeer. – Der Kabeljau ernährt sich als gefräßiger Raubfisch von kleineren Schwarmfischen, Muscheln und Krebsen. – Zum Laichen schwimmen sie in ihre Kinderstube Wattenmeer zurück. Die Rogner können jährlich bis zu 5 Millionen Eier ablegen. Nur aus einem wird ein geschlechtsreifer Fisch.

Der allseits bekannte **Hering** (3) ist schlank, blaugrau bis grün gefärbt, hat einen grünen Fleck am Oberkopf und nur eine Rückenflosse. – Nachts an der Oberfläche und tags im tiefen Wasser, schwimmt er mit offenem Maul ständig hinter Hüpferlingen, Kleinfischen, Krebsen her.

Die **Sprotte** (4) ist dem Hering ähnlich, wird aber nur 15 cm lang. Die Larven kommen mit der Strömung in das Wattenmeer.

Die **Scholle** (5) ist durchschnittlich 25 cm lang, (von den Füßen der Urlauber?) plattgedrückt, auf der Oberseite graubraun gefärbt und orangerot gefleckt, auf der Unterseite hell. Die Färbung der Oberseite ist dem Untergrund angepaßt, indem sich die Farbträgerzellen nach Auftreffen der

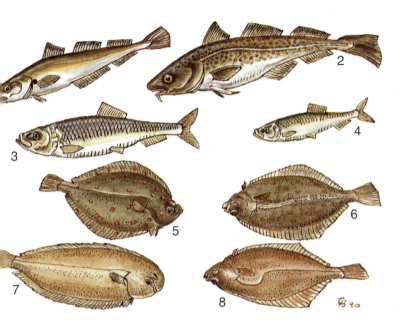

Lichtreize in einigen Stunden entsprechend weiten oder schließen. Die Augen dieses Plattfisches liegen auf der rechten Seite. Wegen des schiefstehenden Mauls wird sie auch Scheefmuul genannt. – Jungfische leben als Gezeitenwanderer im flachen Watt. Sie sind dann gut zu sehen, wenn sie in einem flachen Priel mit klarem Wasser vor unseren Füßen schwabbelnd wegschwimmen und sich schnell unter dem aufgewirbelten Sand wieder einbuddeln. Ausgewachsene Tiere leben im mindestens 10 m tiefen Wasser. – Der Grundfisch ernährt sich tag- und nachtaktiv zunächst von Kieselalgen und kleinen Würmern, Schnekken und Garnelen, später von Seesternen und Muscheln, mit Vorliebe von den Hinterenden des Pierwurms. – Der Friedfisch laicht im Winter in der südwestlichen und südlichen Nordsee. Die 50 000 Eier je Rogner werden im Wasser befruchtet und die Jungfische im Frühjahr durch den Gezeitenstrom in das Wattenmeer getragen. Sie schwimmen zunächst aufrecht. Erst im Alter von 1 bis 2 Monaten wandert – in Schwimmrichtung gesehen – das rechte Auge auf die linke Seite. Der Körper wird unsymmetrisch, legt sich auf die rechte, hell werdende Blindseite und wird zum

Bodenfisch. Der Milchner ist im dritten, der Rogner erst im sechsten Jahr geschlechtsreif. Beide werden angeblich bis zu 50 Jahre alt. – Geschickte können im flachen Wattpriel mit den Händen „Bütt grabbeln" oder mit den Füßen „Bütt pedden". Kenner kriechen auf allen Vieren, bis sich unter den Händen etwas bewegt.

Die **Flunder** (6) ist etwa 25 cm lang, der Scholle ähnlich, hat aber eine rauhe, graubraune bis olivgrüne Oberseite und an der Seitenlinie körnig-warzige Schuppenreihen. Ein Drittel sind Linksflundern (Augen auf der linken Seite), zwei Drittel Rechtsflundern. – Die Flunder lebt auf sandigem Grund bis in einer Tiefe von 20 m, nicht im flachen Watt, auch im Brack- und Süßwasser. – Vor allem nachts aktiv, sucht der Schwarmfisch Muscheln, Würmer, Schnecken, Krebse, Asseln und Garnelen. – Das Wattenmeer ist für die Flunder Kinderstube und Nahrungsraum.

Die **Seezunge** (7) wird 40 cm lang und 250 Gramm schwer. Die sandfarbene Haut der Oberseite trägt kleine Schuppen. Die Augen liegen auf der rechten Seite. Sie lebt meistens in tieferen Bereichen und liegt tagsüber im Bodengrund vergraben. Sie ernährt sich mit Hilfe von Tastfäden, die an der Unterseite des Kopfes liegen, vor allem von Muscheln, Würmern und Krebsen. – Die heimischen und die nordischen Seezungen versammeln sich im Juni vor unserer Küste und geben Ei- und Samenzellen ab. 3 Jahre ist das Wattenmeer dann für die Tiere eine Fischkinderstube.

Die **Kliesche** (8) wird höchstes 30 cm lang, ist oben gelblich bis dunkelbraun und hat eine stark gebogene Seitenlinie. Zusammen mit der Scholle ist sie der Charakterfisch des Wattenmeeres und lebt als Schwarmfisch gern auf sandigem Grund. Wegen ihrer weiten Verbreitung, ihrer Standorttreue und ihrer Empfindlichkeit gegenüber Umweltbelastungen ist sie häufig Forschungsobjekt.

Der **Hornhecht** (9) wird bis 90 cm lang, ist oben blaugrau, sehr schlank, hat ein hechtartiges Maul.

Die **Seenadel** (10) ist schlangenförmig, bis 40 cm lang, hat ein röhrenförmiges Maul mit Saugrüssel und nur eine Flosse.

Die **Meeräsche** (11) ist seit 1967 hier, wird 60 cm lang, hat einen silbrigen Körper und ernährt sich nur von Pflanzen.

Die **Makrele** (12) ist oben braun gestreift, hat eine gegabelte Schwanzflosse und jagt Schwärme kleiner Fische.

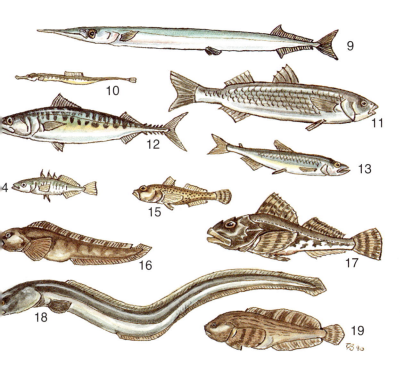

Der **Stint** (13) ist der häufigste Fisch im Wattenmeer. Der Schwarm- und Wanderfisch ist oben graugrün und unten silbern.

Der **Dreistachelige Stichling** (14) wird bis 10 cm lang, hat 3 kräftige Rückenstacheln und ist oben braungrün. – Er verträgt Salz-, Brack- und Süßwasser, wandert im Frühjahr in die Flüsse.

Die **Sandgrundel** (15) wird 10 cm lang, hat einen braun gefleckten Körper, an der Unterseite einen Saugnapf.

Die **Aalmutter** (16) bringt keine Flußaale zur Welt, ist langgestreckt, oberseits bräunlich, unten hell.

Der **Seeskorpion** (17) hat einen großen Kopf und ein breites Maul, einen gepanzerten Kopf und kräftig verstärkte Flossen.

Der **Flußaal** (18) hat einen schlangenförmigen Körper mit langen, verbundenen Flossen. Der Allesfresser wird in Reusen gefangen.

Der **Scheibenbauch** (19) hat die Form einer Kaulquappe, auf der Unterseite eine Saugscheibe.

Viele Küsten- und Seevögel

J = Jugendkleid, S = Sommerkleid, W = Winterkleid, R = Ruhekleid, m = männlich, w = weiblich

Den ersten Kontakt mit Seevögeln hat der Urlauber durch die Prospekte der Kurverwaltungen. Sie werben mit Möwen oder Seeschwalben, versprechen Vogelrufe und Entenküken. Während der Anfahrt begleiten Silbermöwen die Fährschiffe und begrüßen die Gäste an der Kurpromenade. Was wäre ein Ausflug an die Küste, ein Urlaub an der See ohne Küsten- und Seevögel? Auf jeden Fall nicht so beeindruckend und erlebnisstark, wie es jährlich Millionen Ausflügler und Urlauber empfinden.

Unser Wattenmeer ist *eine der vogelreichsten Landschaften der Erde,* Schlüsselbereich für viele nordeuropäische, nordasiatische und nordamerikanische Arten. In diesem Brut-, Rast-, Mauser-, Nahrungs-, Überwinterungs- und Übersommerungsgebiet halten sich zeitweise 1 Million Vögel auf. Jedes Jahr leben *3 Millionen Jahresvögel und Durchzügler* von annähernd 100 verschiedenen Arten im Wattenmeer. Sie sind vor allem Ebbegäste, weil sie dort ihre Nahrung finden und nur zur Brut, zur Rast und zum Schlafen Vorland, Halligen und Inseln aufsuchen. Sobald das Wasser abzulaufen beginnt, folgen sie ihm.

Die Gefiederten fressen nur einen Bruchteil der im Wattenmeer aufwachsenden Tiere. Es könnten weit mehr Vögel hier satt werden. An den unterschiedlich angepaßten Schnabelformen ist abzulesen, daß die *25 Brutvogel-* und die *75 Durchzüglerarten* die Nahrung auf sehr verschiedene Art und Weise suchen und aufnehmen. Möwen und Regenpfeifer sind „Augenjäger", Knutt und Pfuhlschnepfe „Tastjäger", Austernfischer und Rotschenkel „Grabjäger". Da gibt es Tag- und Nachtaktive, Hacker und Knacker, Sucher und Greifer, Säbler und Stocherer, viele Fleischfresser und wenige Vegetarier. Oft bevorzugen mehrere Arten die gleiche Krebs- oder Muschelart, aber Tiere verschiedenen Alters. Brandenten fressen am liebsten die kleinsten, Knutt und Austernfischer die größeren Herzmuscheln. Durch die spezielle Art des Nahrungserwerbs gibt es kaum Konkurrenz. Wann die Nahrung gesucht wird, bestimmen die Gezeiten. In hellen Sommernächten sind viele Vögel

die ganze Nacht hindurch im trockenen Watt, passen sich ernährungsbiologisch dem Tiderhythmus an.

Schlimme Stunden gibt es für Natur und Naturschützer, wenn im Frühsommer *Landunter* auftreten. Vor allem nach Mondwechsel genügen schon 5 Windstärken aus West für die „Heufluten", um bis 90 % der Gelege und Jungvögel vom hohen Wasser wegtragen zu lassen. Möwen schlagen am Deich die Eier auf, und noch nicht flügge Jungvögel ertrinken oder sterben an Unterkühlung.

Im Spätsommer und Frühherbst sind Vorländer und Halligen oft übersät mit *Mauserfedern.* Zu Tausenden suchen dann die Vögel ruhige Küstenabschnitte und Sände auf, weil sich die Tiere unter vielen Artgenossen sicherer fühlen. Eine Zeitlang nur bedingt oder gar nicht flugfähig, dürfen sie nicht gestört werden. Die Hauptmausergebiete der Brandgänse und Eiderenten liegen in der Zone 1 des Nationalparks.

In der obigen Abbildung werden Federn von *Silbermöwe* (1), *Lachmöwe* (2), *Brandgans* (3), *Stockente* (4) und *Brachvogel* (5, 6) wiedergegeben.

Vogelbeobachtung

Keine zweite Tiergruppe wird so gern und so häufig beobachtet, besprochen und diskutiert wie die Vogelwelt. Selbst jene, die zunächst nur zwischen „Möwe" und „Keine Möwe" unterscheiden, haben bald Spaß daran, über das fliegende Volk mehr zu wissen.

Lach- und Silbermöwen gibt es schon in den Siedlungen und am Strand wie Sand am Meer. Meist lassen sie sich gern durch Füttern anlocken, wobei wir unsere ersten Vogelfotos machen können. Bei näherem Hinsehen erkennen wir dabei, daß es – je nach Alter – verschieden braun gesprenkelte Jungmöwen und einheitlich gefärbte Alttiere gibt. Manche sind ausgesprochen aggressiv, andere flüchten lieber. Auch die verschiedenen Rufe, Locken und Drohen, Verteidigen und Kontakte ausdrückend, lassen sich an Möwen gut erkennen.

Lohnend ist es, sich etwa *zwei Stunden vor bis ein, zwei Stunden nach Hochwasser* in unauffälliger Kleidung an den Strand oder an den Deich zu setzen und die Vögel durch das auflaufende Wasser heranbringen zu lassen. Eifrig stochernd und pickend laufen sie vor dem unerbittlich heranschwimmenden Schaumband her, immer in Richtung Küste. Vor allem bei Sturm suchen die Seevögel wasserfreie Hochwasserrastplätze auf. Zu beachten ist dann, daß man das Licht von der Seite haben soll, weil das Bestimmen im Gegenlicht schwierig ist. Im *Frühjahr* ist das Erkennen der meisten Vogelarten leichter, weil sie dann das kontrastreicher gefärbte Brutkleid und nicht das unscheinbarere Schlicht- oder Ruhegefieder tragen. Die Zahl der im Watt zu sehenden Vögel schwankt im Jahreslauf stark. Im Juni sind etwa 100 000 Brutvögel und Übersommerer hier, während des Frühjahrszugs etwa 600 000 und die höchsten Zahlen erreichen September und Oktober mit etwa 1 Million.

Spätestens dann, wenn zu den Möwen Seeschwalben und Watvögel stoßen, ist der Wunsch nach einem *Fernglas* übermächtig. Am günstigsten sind 8 × 40-Ferngläser. Die 8 bedeutet die achtfache Vergrößerung. Die 40 gibt den Objektivdurchmesser in mm an. Um das Fernglas richtig einzustellen, sieht man durch das nicht verstellbare Okular auf einen 100 m entfernten Gegenstand und stellt mit Hilfe des Mitteltriebs scharf. Dann wird das andere Okular durch Drehen des Okularrings scharf gestellt. Schließlich wird mit beiden Augen durch das Glas gesehen und dieses

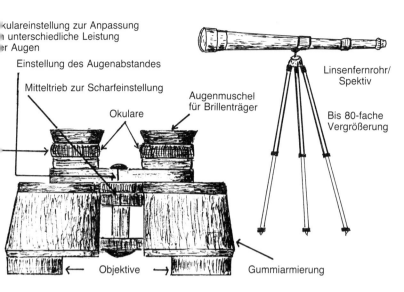

kulareinstellung zur Anpassung
1 unterschiedliche Leistung
er Augen

Einstellung des Augenabstandes

Mitteltrieb zur Scharfeinstellung

Okulare

Augenmuschel
für Brillenträger

Linsenfernrohr/
Spektiv

Bis 80-fache
Vergrößerung

←— Objektive —→

Gummiarmierung

so lange geknickt, bis nur ein Bild zu sehen ist und der individuelle Augenabstand stimmt. Die erstaunlichen Möglichkeiten eines Spektivs auszunutzen ist in unserer windreichen Gegend nicht immer möglich. Ein stabiles Stativ sorgt für ein ruhiges Bild.

Die durch Schilder und Pfahlreihen gekennzeichneten Brutgebiete betreten wir grundsätzlich nicht.

Nur zu leicht würden wir naturgetarnte Gelege oder sich drückende Jungvögel übersehen und unabsichtlich töten. Die Alttiere verlassen Gelege und Jungtiere, Möwen fallen über beides her und Fuchs, Wiesel, Marder und Igel folgen nachts, auf der Suche nach Nahrung, unseren Duftspuren. Es ist verständlich, wenn der Naturfreund einmal beobachten möchte, wie aus einem olivbraunen Ei eine junge Möwe schlüpft. Trotzdem: Nicht ins Brutgebiet gehen und nur von den gekennzeichneten Wegen aus fotografieren!

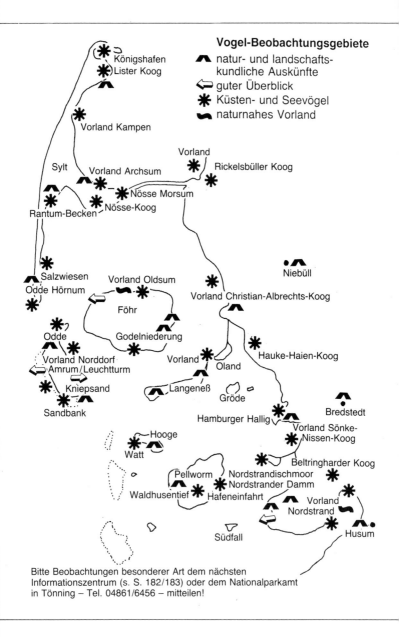

Vogel-Beobachtungsgebiete

▲ natur- und landschafts-
kundliche Auskünfte

⇐ guter Überblick

✳ Küsten- und Seevögel

〰 naturnahes Vorland

Königshafen
Lister Koog

Vorland Kampen

Vorland
Rickelsbüller Koog

Sylt
Vorland Archsum

Nösse Morsum
Nösse-Koog

Rantum-Becken

Niebüll

Salzwiesen
Odde Hörnum

Vorland Oldsum

Vorland Christian-Albrechts-Koog

Föhr

Godelniederung

Odde

Hauke-Haien-Koog

Vorland Norddorf
Amrum / Leuchtturm

Vorland
Oland

Kniepsand

Langeneß

Gröde

Sandbank

Hamburger Hallig

Bredstedt

Vorland Sönke-
Nissen-Koog

Hooge

Beltringharder Koog

Watt

Pellworm
Nordstrandischmoor
Nordstrander Damm

Waldhusentief
Hafeneinfahrt

Vorland
Nordstrand

Husum

Südfall

Bitte Beobachtungen besonderer Art dem nächsten
Informationszentrum (s. S. 182/183) oder dem Nationalparkamt
in Tönning – Tel. 04861/6456 – mitteilen!

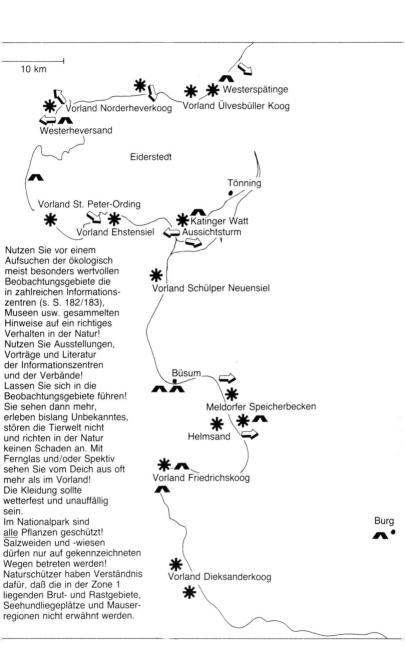

10 km

Westerheversand

Vorland Norderheverkoog

Westerspätinge
Vorland Ülvesbüller Koog

Eiderstedt

Tönning

Vorland St. Peter-Ording

Vorland Ehstensiel

Katinger Watt
Aussichtsturm

Nutzen Sie vor einem
Aufsuchen der ökologisch
meist besonders wertvollen
Beobachtungsgebiete die
in zahlreichen Informationszentren (s. S. 182/183),
Museen usw. gesammelten
Hinweise auf ein richtiges
Verhalten in der Natur!
Nutzen Sie Ausstellungen,
Vorträge und Literatur
der Informationszentren
und der Verbände!
Lassen Sie sich in die
Beobachtungsgebiete führen!
Sie sehen dann mehr,
erleben bislang Unbekanntes,
stören die Tierwelt nicht
und richten in der Natur
keinen Schaden an. Mit
Fernglas und/oder Spektiv
sehen Sie vom Deich aus oft
mehr als im Vorland!
Die Kleidung sollte
wetterfest und unauffällig
sein.
Im Nationalpark sind
alle Pflanzen geschützt!
Salzweiden und -wiesen
dürfen nur auf gekennzeichneten
Wegen betreten werden!
Naturschützer haben Verständnis
dafür, daß die in der Zone 1
liegenden Brut- und Rastgebiete,
Seehundliegeplätze und Mauser-
regionen nicht erwähnt werden.

Vorland Schülper Neuensiel

Büsum

Meldorfer Speicherbecken

Helmsand

Vorland Friedrichskoog

Burg

Vorland Dieksanderkoog

Abb. S.	Art	Brut in E = Europa, N = Nordeuropa, O = Osteuropa, S = Skandinavien, A = Arktis	Tz = Teilzieher D = Durchzügler	Bevorzugte Rastgebiete – außerhalb der Zone 1 – vor allem im Vorland vor/vom ...	Überwinterung in E = Europa, W = Westeuropa, S = Südeuropa, Na = Nordafrika
129	Lachmöwe	E	Tz	Marsch, Halligen, Inseln	E
129	Silbermöwe	E	Tz	S.-N.-Koog, Föhr, Eiderstedt	E
133	Austernfischer	N	Tz	Föhr, Eiderstedt, Dieksanderkoog	W
135	Knutt	A S	D	Langeneß, Eiderstedt, Dieksanderkoog	Na W
135	Alpenstrandläufer	A S	D	Dieksanderkoog, Föhr, Sönke-Nissen-Koog	Na S
135	Pfuhlschnepfe	A S	D	Föhr, Langeneß, Dieksanderkoog	Na W
135	Gr. Brachvogel	O S	D	Dieksanderkoog, S.-N.-Koog, Eiderstedt	S W
135	Goldregenpfeifer	S	D	Eiderstedt, S.-N.-Koog, Dieksanderkoog	S W
137	Stockente	E	Tz	Dieksanderkoog, Eiderstedt, S.-N.-Koog	E
137	Pfeifente	O S	D	Dieksanderkoog, S.-N.-Koog, Pellworm	S W
137	Eiderente	S	D Tz	Langeneß, Föhr, Amrum-Sand	W
139	Weißwangengans	A	D	Dieksanderkoog, S.-N.-Koog, Eiderstedt	W
139	Ringelgans	A	D	Föhr, Langeneß, Sönke-Nissen-Koog	W
139	Brandgans	N	Tz	Dieksanderkoog, S.-N.-Koog, Eiderstedt	S W

Die häufigsten Vogelarten der Küste, Halligen, Inseln und des Wattenmeeres – schematisiert –

〜 Brut ····· Mauser 1 mm = ca. 40 000 Vögel

Maximalzahlen nach Landesamt NPSHW – in Tausend –

J	F	M	A	M	J	J	A	S	O	N	D	
												80
												65
												150
												425
												350
												150
												40
												50
												50
												130
												150
												60
												85
												125

Vogelwärter

Allen an Natur und Vogelwelt interessierten Ausflüglern und Urlaubern sei geraten, die in Vogelschutzgebieten tätigen Vogelwärter aufzusuchen. Es gibt kaum eine zweite so günstige Möglichkeit, die für die Küste typischen Brutvögel und die während der Zugzeiten sie aufsuchenden Gastgefiederten kennenzulernen wie auf einem Gang mit dem Vogelwärter. Meistens sind es Frauen und Männer, die das Gebiet länger betreuen oder die Betreuung mit Vorkenntnissen übernehmen, so daß sie auch auf Fragen zu antworten wissen.

In den 50er und 60er Jahren waren es meistens Urlauber und Pensionäre, die die Schutzgebiete auf eigene Kosten den Sommer über betreuten. Dann übernahmen es oft ältere Schüler und Studenten im Auftrag der Schutzträger, anfallende Pflegearbeiten zu erledigen und Besucher zu informieren. Seit den 70er Jahren sind es überwiegend Zivildienstleistende, die als angehende Biologen, Forstleute, Landschaftspfleger usw. für den Ersatzdienst eine auch für den Beruf sinnvolle Tätigkeit suchten. Die Vogelwärter kommen auffallend oft aus dem Binnenland, sind häufig nicht nur Idealisten, sondern auch Individualisten und arbeiten im Sommer oft weit über die Soll-Stundenzahl hinaus in ihrem Gebiet.

Es wird nicht selten gefragt, was die Vogelwärter und Vogelwärterinnen zu erledigen haben. Ihre wichtigste Aufgabe ist, das *Gebiet vor Störungen* zu *bewahren.* Meist sind es Spaziergänger und Wanderlustige, die aus Unkenntnis der örtlichen Gegebenheiten („Hier steht ja kein Schild") in Brut- und Rastgebiete eindringen. Mitunter sind es passionierte Naturfreunde, die als Einzelgänger beobachten, fotografieren oder filmen wollen. Sie aus ökologisch sensiblen Bereichen zu holen, erfordert oft nicht nur Sprintvermögen, sondern auch Takt, Überzeugungskraft und ein umfangreiches Wissen.

Von großer Bedeutung für die Entwicklung eines Bereichs des Nationalparks, Natur- oder Vogelschutzgebietes sind die regelmäßigen Notizen, die der Vogelwärter als Ergebnis *ständiger Beobachtungen* zu machen hat. Sie enthalten die Arten und ihre Individuenzahlen, das Verhalten zwischen Ankunft und Abflug sowie Änderungen in der Ökologie des Schutzgebiets.

Die *Öffentlichkeitsarbeit* besteht aus regelmäßigen, meist in der Presse bekanntgegebenen Führungen und Son-

derführungen für Schulklassen, Reisegruppen und Vereinen. Dann stellt der moderne „Robinson" seine Schützlinge vor, berichtet über ihre Biologie, stellt die Bedeutung
und die besonderen Probleme seines Gebiets vor, weiß
dann oft über Originelles aus seiner Tätigkeit zu berichten
und geht gern auf Fragen der Gäste ein. Nicht selten
springt dann der Funke der Vogelwärter-Begeisterung auf
sie über, und sie sehen – informiert – Natur und Naturschutz in Zukunft gründlicher als bisher.

Auskünfte über Tätigkeiten im Nationalpark und in den
angrenzenden Naturschutzgebieten erteilen das Nationalparkamt in 2253 Tönning, Am Hafen 40a, Tel. 04861/6456
sowie die Verbände Naturschutzbund Deutschland, 2210
Ölixdorf, Forsthof Friedrichsholz, Tel. 04821/91686 –
Schutzstation Wattenmeer, 2370 Rendsburg, Königstraße
11, Tel. 04331/23622 – Verein Jordsand, 2070 Ahrensburg/
Wulfsdorf, Tel. 04102/32656.

Möwen

Die *Großmöwen* – Silber-, Mantel- und Heringsmöwe –
sowie die *Kleinmöwen* – Sturm-, Lach- und Dreizehen-
möwe – bilden bei uns neben den seltenen Zwerg- und
Raubmöwen die Gruppe der Möwen. Sie sind ungebetene
Gäste in Häfen und auf Müllplätzen, konkurrieren in
Schutzgebieten mit kleineren Seevogelarten, vermehren
sich (überaus anpassungsfähig) auch bei ungünstigen
Lebensbedingungen, nehmen Gelege kleinerer Vogelarten
aus und verzehren sogar ihre Jungen. Meistens sind es aber
nur einzelne Tiere, die sich auf Räubereien spezialisiert
haben. Das Absammeln der Eier hat sich nicht bewährt.
Die Möwe legt dann nach und deckt den zusätzlichen
Nahrungsbedarf durch Eier- und Jungenraub unter schwä-
cheren Küstenvögeln. Nachdem die Bestandszahlen nach
dem Einrichten zentraler und der Schließung der offenen
Deponien zurückging, werden nur noch in begründeten
Einzelfällen Eier gegen Attrappen aus Gips ausgetauscht.
Die Emmas begleiten zur Freude der Passagiere gern
Schiffe, werden aber von den Besatzungen wegen des
„Glücks" nicht gern gesehen. Wenn sie mit dem Kopf
schütteln, schlagen sie Salzwasser ab. Möwen unterliegen
nach dem Bundesjagdgesetz dem Jagdrecht.

Möwen sind gedrungen gebaute *weiße Vögel mit silber-
bis schiefergrauen Flügeln* und einem kräftigen Schnabel.
Sie leben gesellig, sind in den ersten drei bis vier Lebens-
jahren abnehmend braun gesprenkelt und dann schwer zu
bestimmen. Die nur wenig größeren Männchen sind
Revierinhaber und von den Weibchen schwer zu unterscheiden. Beide brüten und ziehen die Jungen gemeinsam
auf. Sie fressen alles Freßbare, treten in Trampelwannen
gern Nahrung aus, tauchen nicht und schwimmen ausdau-
ernd. Einzelne Tier haben es gelernt, Muscheln und Strandkrabben auf Steinkanten fallen zu lassen und dann zu
verzehren.

Die gansgroße **Silbermöwe** (1) erreicht eine Spannweite
von 140 cm, hat einen hakenförmigen Schnabel mit einem
roten Fleck am Unterschnabel (Auslöser für das Picken des
Jungvogels) und schwarze Handschwingen. Silbermöwen
leben in Dauerpartnerschaft und verständigen sich drohend, jauchzend, werbend und bettelnd mit etwa 15 verschiedenen Rufen. Sie wurden zu Kulturfolgern und werden bis 30 Jahre alt. Die größte Silbermöwen-Kolonie
beherbergt mit 2000 Paaren Trischen. Sie verteidigen das

Gelege und die Jungen durch Sturzangriffe, die durch das Auswerfen einer übelriechenden Flüssigkeit noch wirksamer werden. Der einzige natürliche Feind, der Seeadler, tritt neuerdings vereinzelt als Durchzügler wieder an der Küste auf.

Die taubengroße **Lachmöwe** (2) mit dem braunen Kopf im Brut- und dem weißen Kopf im Ruhekleid kam erst in den 50er Jahren in größeren Zahlen an die Küste. Sie soll von Linne mit einer „lachenden" amerikanischen Möwe verwechselt worden sein oder den Namen vom Brüten an Lachen haben. Der Allesfresser lebt in Saisonehe, ist Koloniebrüter und sehr lernfähig.

Die **Sturmmöwe** (3), kleines Abbild der Silbermöwe, hat keinen roten Fleck am gelbgrünen Schnabel und ähnlich gefärbte Beine. Sie kommt bei Sturm ins Binnenland, lebt vergesellschaftet mit anderen Möwenarten, ist Charaktervogel der Ostküste.

Die relativ seltene, sehr große **Mantelmöwe** (4) mit den mantelartig über den Körper gelegten schwarzen Flügeln ist Einzelgänger, brütet erst neuerdings vereinzelt hier.

Seeschwalben

Unsere Seeschwalben sind keine Verwandten der Mehl- und Rauchschwalbe. Sie zählen zur *Familie der Möwen* und verdanken ihre Gattungsbezeichnung dem tiefgegabelten „Schwalbenschwanz". Wir können vom Schiff aus die wellenförmig fliegenden, aufgewirbelte Fischchen suchenden Stoßtaucher gut beobachten. Sie rütteln kurz über dem Wasser und plumpsen wie ein Stein ins Wasser, um kurz zu tauchen und bald sich schüttelnd weiterzufliegen. Sie haben alle eine schwarze Kopfplatte und sind kleiner und schlanker als die Möwen. Die Arten sind vor allem nach Farbe und Form des Schnabels, die beiden Geschlechter nur durch ihr Verhalten zu unterscheiden.

Die Seeschwalben leben während der Brutzeit in Kolonien, die Paare in einer Brutgemeinschaft. Um den dann starken Aggressionstrieb abzubauen und das Weibchen umzustimmen, bringen ihnen die Männchen Fische. Erst nach mehrfachem *Fischchenspiel* wird das in Balzstimmung befindliche Weibchen umtanzt. Nach drei Wochen Brut am Bodennest werden die beiden braun gefleckten Flaumknäuel als *Platzhocker* von einem Altvogel bewacht und vom anderen mit Futter versorgt. Dann sind die Altvögel besonders angriffslustig, greifen jeden Eindringling mit Warnschrei und Zielwerfen im Sturzflug an und können dann die Kopfhaut des Störenfrieds empfindlich verletzen. Die Friesen nennen sie deshalb Baker, also Picker. Der Aufzuchterfolg ist sehr von der Witterung abhängig. Bei kaltem und nassem Wetter werden oft nur 10 % flügge. Sie werden, damit die Anfangsverluste ausgleichend, 25 Jahre alt.

Möwen sind Strichvögel, Seeschwalben *Zugvögel.* Im Spätsommer schon gehen sie auf ihre weite Reise, zum Teil bis nach Südafrika. Die nordeuropäischen Küstenseeschwalben fliegen bis nach Südafrika und in die Antarktis. Zwischen den Brut- und Überwinterungsgebieten mit den langen Tageslängen liegen 35 000 km. Damit halten die *Langstreckenzieher* Küstenseeschwalben unter den Zugvögeln den Weltrekord.

Die bei uns weniger häufige **Flußseeschwalbe** (1) hat eine schwarze Schnabelspitze, längere Beine und ruft zweisilbig abfallend „kri-äähh".

Am häufigsten ist die **Küstenseeschwalbe** (2). Oben grau und unten weiß, hat sie einen roten Schnabel und kurze

1   2

3   4

rote Beine, ruft ein einsilbiges „Kirrä". Sie bevorzugt offene
Flächen.

Die lachmöwengroße **Brandseeschwalbe** (3) ist die größte
der bei uns häufiger vorkommenden Seeschwalbenarten.
Scheitel, Füße und Schnabel – mit gelber Spitze – sind
schwarz. Die Hinterkopffedern werden bei Erregung hoch-
gestellt. Sie ruft rebhuhnartig „kirrek". Sie bevorzugt
fischreiche Küstenabschnitte mit klarem Wasser, wechselt
als Koloniebrüter öfters den Brutplatz, ist sehr störungs-
empfindlich und meidet das Binnenland. Wegen des hohen
Energiebedarfs sucht sie täglich mindestens 12 Stunden
nach Nahrung (Schwarmfische wie Sandaale und Heringe).
So sind die auf Sichtkontakt fliegenden Brandseeschwal-
benpulks über Fischschwärmen zu erklären.

Die amselgroße **Zwergseeschwalbe** (4) ist mit einer
Länge von nur 20 cm die kleinste unserer Seeschwalben.
Der gelbe Schnabel hat eine schwarze Spitze, Stirn und
Körper sind weiß. Die seltene Art brütet auf offenen Sand-
und Schilfflächen.

Watvögel

Gemeinsam sind den Watvögeln, von Ornithologen Limicolen genannt, oft die langen Beine, Hälse und Schnäbel. Die brauchen sie auch, wenn sie watenderweise im Watt Nahrung suchen. Gut sind auch die Formen der Schnäbel an das mehr oder weniger weiche Watt angepaßt. Mit empfindlichen Schnabelspitzen ertasten sie die Bodentiere.

Brutvögel

Der amselgroße **Rotschenkel** (pld. Tüter) (1) trägt seinen Namen zurecht. Der braungefleckte Schnepfenvogel ist sehr lebhaft, wippt häufig mit seinem Schwanz und ruft oft das leicht einzuprägende „Tjü, tjü", warnt „tjik, tjik". Er sucht seine Nahrung in Tümpeln und balzt mit Imponierflügen.

Die beiden starengroßen Regenpfeiferarten rufen vor und nach Regen besonders gern. Von Einheimischen oft Kleipricker genannt, werden sie von gut beobachtenden Naturfreunden „Lebende Steine" genannt. Weil sie schnell laufen, ohne den Körper zu bewegen. Die Männchen sind kontrastreicher gefärbt als die Weibchen. Auch im zweisilbigen Ruf „tüi ip" ähneln sie sich. Die „Regenflöter" sind *Meister im Sichlahmstellen*.

Der häufigere **Sandregenpfeifer** (2) ist am breiten, geschlossenen schwarzen Band über der weißen Brust zu erkennen.

Der kleinere **Seeregenpfeifer** (3) hat ein offenes Band.

Nicht die Silbermöwe, der **Austernfischer** (pld. Lüüw) (4) ist der *Charaktervogel des Wattenmeeres*. Wie ein zu klein geratener Storch mutet er zunächst an, wenn er eilig vor den Wattwanderern herrennt. Der schwarzweißrote „Preußenvogel" ist haustaubengroß, trägt ein elegantes schwarzweißes Gefieder, einen langen und kräftigen roten Schnabel und hat rote Beine. Jungvögel sind blasser gefärbt und haben – wie im Ruhekleid – einen weißen Halsring. Der Halligstorch ruft öfter als jede andere Vogelart. Sein durchdringendes „Kediet" hat ihm den plattdeutschen Namen Kedit eingebracht. Nicht selten wird der unverwechselbare Gesang auch als „Kredit" gedeutet und soll – es rufen immer die Männchen – „de Wiever, de Wiever" ankündi-

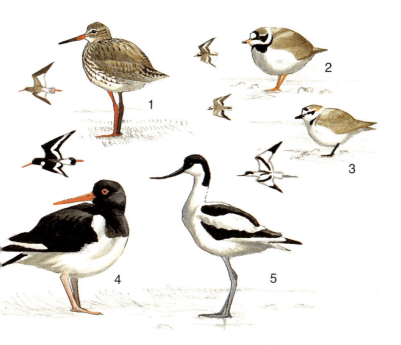

gen. Die offizielle Bezeichnung soll er durch einen in Amerika lebenden Verwandten bekommen haben, der wirklich Austern fischt. Die „Strandelster" fliegt mit entenartig schnellen Flügelschlägen. Das Revier wird durch gemeinsames Trillern am Boden oder in der Luft verteidigt. Das *Trillerturnier* wird auch als Gruppenbalz gedeutet. Es gibt Austernfischer mit pfriemenförmigen Schnäbeln, die sich vor allem von Würmern ernähren, solche mit hammerförmigem Schnabel, die Strandkrabben aufschlagen und Vögel mit meißelförmigem Ernährungsorgan, das in die geöffnete Muschel stoßen kann. In jedem Falle wächst der Schnabel monatlich 1 cm.

Der stelzbeinige, taubengroße **Säbelschnäbler** (5) ist auffallend kontrastreich schwarzweiß gefärbt, hat einen säbelartig nach oben gebogenen Schnabel und blaugraue Beine. Anmutig schreitet der „*Verkehrtschnabel*" säbelnderweise durch das flache Wasser, kann schwimmen und fliegt kiebitzartig, ruft klangvoll „pluit, pluit". Er verteidigt sein Gelege, indem er vortäuscht flügellahm zu sein und verleitet so den Störenfried.

Der **Kiebitz** ist bekannt.

Durchzügler

Auch unter den Watvögeln liegen die Durchzügler sowohl nach der Arten- als auch nach der Individuenzahl weit vor den hier brütenden Vögeln. Das *Bestimmen* ist oft *schwierig*, weil sie sich in Körpergröße, -form und Gefiederfärbung oft sehr ähneln und sich überwiegend im Herbst und Frühjahr, also im Ruhekleid, in unserem Wattenmeer aufhalten. Hinzu kommen noch die unterschiedlichen Alterskleider und Mauserstadien sowie die häufige Vergesellschaftung mehrerer Arten im gleichen Schwarm. Gerade deshalb ist das Watt für jeden Vollblut-Vogelkundler ein wahres Eldorado. Erfahrene Ornithologen bestimmen mitunter nach dem Verhalten bei der Nahrungsuche: Die Alpenstrandläufer tasten ins Watt. Die Knutts „nähen", die typischen Einstichreihen hinterlassend, beim Sammeln kleiner Muscheln und Schnecken den Boden. Die Kiebitzregenpfeifer bleiben plötzlich stehen, stoßen zu und laufen weiter. Grünschenkel laufen zickzackförmig und picken abwechselnd nach links und rechts. Steinwälzer drehen auf der Suche nach Kleintieren Steine bis zum doppelten Körpergewicht um.

Auch die Durchzügler sammeln sich auf den traditionellen Hochwasserrastplätzen, um das Gefieder zu ordnen, zu schlafen und zu verdauen. Sobald das Wasser abläuft, werden sie unruhig und laufen hinter dem Wasser her. Immer auf der Suche nach Nahrung, um sich für Flug und Brut den lebensnotwendigen „Wattenspeck" aufbauen zu können. Sie halten sich zu unterschiedlichen Zeiten hier auf, vermeiden so die Nahrungskonkurrenz.

Der amselgroße **Knutt** (1) wirkt plump, hat im Sommer eine rostbraune Unterseite, ist im Winter oben dunkel- und unten hellgrau und lebt sehr gesellig. Sie vollführen in Schwärmen von bis 50 000 Tieren – jeden Naturfreund immer wieder begeisternd – ihre typischen *Schwenkflüge*. Dann zeigen die Vogelwolken aus Knutts und Alpenstrandläufern abwechselnd ihre helle Bauch- und dunkle Rückenseite. Ob sie sich dann optisch oder akustisch verständigen, weiß man noch nicht.

Der starengroße **Alpenstrandläufer** (2) hat im Brutkleid einen schwarzen Bauch, im Ruhekleid einen grauen Rücken und einen hellen Bauch. Man nennt den häufigsten Strandläufer auch Slikkmuus (Schlickmaus). Vergesellschaftet sich oft mit Knutts.

Der amselgroße **Steinwälzer** (3) ist im Sommerkleid auffallend bunt, im Winter oben dunkelbraun.

Der **Goldregenpfeifer** (4) ist oben ganzjährig goldgelb gefleckt und hat im Sommer eine schwarze Unterseite.

Der **Große Brachvogel** (5) hat die Größe einer Lachmöwe und ist damit der größte Wat- und Schnepfenvogel des Wattenmeeres. Er ist leicht am langen, nach unten gebogenen Schnabel zu erkennen. Das graubraun gesprenkelte Gefieder tragen beide Geschlechter und jung und alt sommers und winters. Sein melodisches, das ganze Jahr oft zu hörendes, mehrfaches „Tlüh" zählt mit seinem abschließenden Roller sicher zu unseren schönsten Vogelstimmen.

Die knapp taubengroße **Pfuhlschnepfe** (6) ist im Sommerkleid unten rostbraun, im Winter oben dunkel- und unten hellgrau.

Der nur im Sommer dunkle **Dunkle Wasserläufer** (7) ist im Schlichtkleid oben hellbraun und hat rote Beine.

Der **Grünschenkel** (8) ist größer als eine Amsel, hat einen grauen Rücken, grünliche Beine und ruft auffliegend „kjükjük".

Enten

Vor allem die Stockente ist von Binnengewässern und Stadtteichen her bekannt. Am Salzwasser des Wattenmeeres und im gezeitenbestimmten Watt überwiegen natürlich andere Arten. Sie haben auch Schwimmhäute, können gut schwimmen und verlieren mausernd fast gleichzeitig alle Flugfedern, sind deshalb *zeitweise flugunfähig*. Stockente, Spießente und Krickente zählen zu den Gründelenten, Eiderente und Trauerente zu den im Außenbereich vorkommenden Meerenten.

Die **Spießente** (1) hat Stockentengröße. Der Erpel hat einen langen Hals, im Sommer einen braunen Kopf und lange Schwanzspieße. Der braunen Ente fehlt er. Die Spießente ernährt sich ähnlich wie die Stockente von Pflanzen und Tieren. Unsere Spießenten brüten überwiegend in der Sowjetunion. Bekannt sind ihre *erstaunlichen Flugleistungen*, die sie zum Überqueren von Ozeanen befähigen.

Die **Pfeifente** (pld. Smön) (2) ist kleiner als die Stockente. Das Prachtkleid des Erpels weist eine hellbraune Stirn, einen rotbraunen Kopf und einen grauen Rücken auf. Das Weibchen ist, wie der Erpel im Ruhekleid, ganzjährig entenbraun. Das pfeifende „Hui" hat ihr den Namen gegeben. Sie ist *Vegetarierin* und kommt öfters in großen Schwärmen auch nachts, kurzes Gras bevorzugend, auf Grünland und Saatfelder des Binnenlandes. Die Pfeifente führt eine Saisonehe und ist ein Bodenbrüter der nordeurasischen Tundra.

Die **Krickente** (3) ist die *kleinste* hier vorkommende *Gründelente*. Der Erpel hat im Prachtkleid einen kastanienbraunen Kopf mit grünen Flecken auf beiden Seiten und rahmgelben Flecken am Schwanzende. Das Kleid der Ente ist ganzjährig braun gesprenkelt, so auch der Erpel im Schlichtkleid. Er ruft „krick", sie „gägä". Auffallend der schnelle, niedrige Flug der dichten Trupps. Die Ente brütet an Binnengewässern und ist nur in den Herbst- und Wintermonaten an der Küste. Auch die Krickente nimmt im Sommer überwiegend Tiere und im Winter Pflanzen als Nahrung auf.

Die **Eiderente** (4) ist, größer als die Stockente, unsere

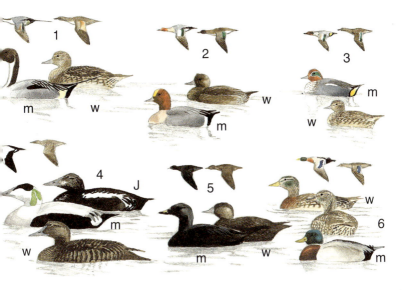

größte Tauchente. Von plumper Gestalt, ist der Erpel mit dem Weiß am Ober- und dem Schwarz am Unterkörper eigentlich verkehrt gefärbt. Auf dem dreieckigen Kopf sitzt eine schwarze Kopfplatte, am Hinterkopf ein grünlicher Fleck. Er ist im Winter dunkel, sie ganzjährig dunkelbraun gefärbt. Der Erpel ruft „guruho", die Ente „gogogo". Sie fliegen eben über dem Wasser in Reihen hintereinander und ernähren sich von Muscheln, die sie sich tauchend vom Wattboden holen.

Der Erpel der stockentengroßen **Trauerente** (5) ist als einziger, vom gelben Schnabelfleck abgesehen, im Sommer ganz schwarz gefärbt und im Winter wie das Weibchen dunkelbraun.

Die **Stockente** (6) ist die häufigste Gründelente und *Stammmutter unserer Hausente.* Der Erpel ist im Prachtkleid am Kopf und im Spiegel grün, hat einen weißen Halsring und eine braune Brust. Im Schlichtkleid ist er der ganzjährig braun gesprenkelten Ente ähnlich. Er ruft „räb", sie „waak". Im Sommer ernährt sich die Stockente überwiegend von Weichtieren und Insekten, im Winter von pflanzlicher Nahrung. Nach vielfältigem Paarungsspiel brütet die Ente auf dem Festland, auf Inseln und Halligen, seltener im Vorland.

Gänse

Der Volksmund faßt Grau-, Ringel- und Weißwangengans als *Wildgänse* zusammen. Während die Graugans nur in Ausnahmefällen ins Watt fliegt, hält sich die Weißwangengans mehr in Küstennähe und an einlaufendem Süßwasser, die Ringelgans mehr im Halligbereich auf. Dort können die sich ungemein interessant verhaltenden Tiere bei zunehmend kürzerer Fluchtdistanz und größerer Zahl immer besser beobachtet werden.

Mit den *steigenden Gänsezahlen* werden die Probleme der Halligbauern größer. Anfang der 70er Jahre gab es rund 20 000 Ringelgänse, heute 200 000. Davon rasten 85 000 in Nordfriesland. Für den Naturfreund *unvergeßliches Naturerlebnis*, sind die immer größeren Gänsescharen für den Halligbauern ein *wachsendes Problem*, in nicht seltenen Fällen sogar eine Existenzbedrohung. Kreis und Land zahlen an die gänsegeschädigten Bauern zwar Entschädigungen von bis zu 100 DM je ha bei Totalschaden auf dem geschädigten Weideland, nach Meinung der Bauern aber die tatsächlichen Schäden nicht deckend. Fünf Gänse fressen etwa so viel wie ein Schaf, und wenn man mangels Gras das Vieh im Stall mit Heu füttern muß, wird Viehzucht teuer. Besonders kritisch wird es, wenn nach Frühjahrs-Landunter die Weiden verschlickt und durch die Gänse verkotet sind.

Die stockentengroße **Brandgans** (1) steht als *Halbgans* zwischen Ente (Körperbau) und Gans (Verhalten), wird aber zunehmend zu den Gänsen gezählt. Als häufigste Gans des Wattenmeeres fällt sie auch durch ihr *kontrastreiches Gefieder* auf. Dem dunkelgrünen Kopf folgen ein weißer Hals, ein braunes Brustband, ein weißer Körper und dunkle Hinterflügel. Der Erpel hat auf dem roten Schnabel einen Höcker. Der Ganter pfeift „dju,dju", die Gans ruft tiefer „ak,ak".

Die **Ringelgans** (2) ist kleiner als die Weißwangengans, hat außer dem weißen Bürzel ein dunkles Gefieder und zwei einen *weißen Ring* vortäuschende Flecken am Hals. Er fehlt beim Jungvogel. Gans und Ganter sind gleich gefärbt. Wegen ihres sonoren „Rottrott", im Flug gut zu hören, wird sie auch Rottgans genannt. In den meisten

Fällen gehört unsere Ringelgans zur *dunkelbäuchigen Rasse*, seltener zur hellbäuchigen. Sie fliegt in Schwärmen, nicht in Keilform. Im Gegensatz zur Weißwangengans ist sie sehr an die Nordsee gebunden, ruht während des Hochwassers auf dem Wasser und gründelt dann auch. Der Vegetarier frißt täglich 1/2 kg Gras und gibt alle drei Minuten ein vorn weißes und hinten grünes (nicht ganz verdautes) Küddel ab.

Die **Weißwangengans** (3), auch Nonnengans genannt, ist kleiner als die Hausgans, hat ein auffallend schwarzweißes Hals/Rücken- und Bauchgefieder, ein *weißes Gesicht* und grau gebänderte Schwingen. In der Luft hält sie mit kläffendem „Grägrägrä", am Boden mit „hoghoghog" Stimmkontakt. Sie ist gesellig, nachtaktiv, Vegetarier und weicht bei Nahrungsmangel und Überflutung des Vorlands auf Weiden und Saatfelder hinter dem Deich aus. Sie fliegt meistens in ungeordneten Trupps und um Energien zu sparen größere Strecken in Schrägreihen oder Keilform. Mit einem Drittel des Körpergewichts als Depotfett zieht sie vor der Ringelgans in die nordische Brutheimat. Sobald die Jungtiere flugfähig sind, fliegt sie wieder in die schleswig-holsteinischen Durchzugsgebiete.

Wintergäste

Dem meist stürmischen Herbst folgt häufig ein milder Winter, selten einer mit langen Frostperioden oder vereistem, befahrbarem Watt. Die einheimischen Silbermöwen weichen dann in die Städte aus, machen den aus dem Norden stammenden Artgenossen im Wattenmeer Platz. Trauer- und Samtenten streichen tief über Wasser und Eis dahin, oft erst spät zu sehen. In milden Wintern bleiben Tausende von *Ringelgänsen, Alpenstrandläufern, Pfuhlschnepfen, Brachvögeln, Rotschenkeln, Steinwälzern und Pfeifenten* und vor allem von Austernfischern hier. Nicht selten lassen sie sich auf Eisschollen von der Strömung treiben. Schellenten, Mittelsäger und Eisenten bevölkern dann an Fluß- und Großprielmündungen offene Wasserflächen.

Zu den Wintergästen zählen auch *drei Singvogelarten*: Ohrenlerche, Berghänfling und Schneeammer. Sie sind, aus menschenleeren Gegenden kommend, oft erstaunlich zutraulich und dann gut bei der ständigen Nahrungsuche zu beobachten.

Die **Ohrenlerche** (1) trägt ihren Namen nach ihren im Winter leider nicht vorhandenen „Federohren", ist kleiner als die nahe verwandte Feldlerche und im Gegensatz zum Brutkleid an Kopf und Kehle nur undeutlich dunkel gezeichnet. Leichter zu bestimmen ist sie am kurzen Auffliegen des Schwarms, am dann folgenden hohen Rufen, dem wellenförmigen Flug und dem baldigen Landen. Sie sucht im Treibselwall und im Vorland Samen und Kleintiere. Sie ist erst im vorigen Jahrhundert aus Amerika nach Skandinavien eingewandert, kommt aus der nordeuropäischen Tundra und tritt öfters mit Schneeammer, Berghänfling und Feldlerche vergesellschaftet auf.

Der **Berghänfling** (2) ist kleiner als der Haussperling und ähnelt – ohne das Rot an Kopf und Brust – dem Hänfling unserer Gärten. Im Winter ist sein Schnabel gelb. Auch er sucht mit Vorliebe Quellersamen, fliegt im Schwarm kurz auf und setzt sich unweit davon gleich wieder.

Die sperlinggroße **Schneeammer** (3) ist im Winter oberseits hellbraun, unten weiß. Der gesellige Vogel bildet dichte Schwärme, die in tänzelndem Flug an wirbelnde

Schneeflocken erinnern. Auch sie sucht emsig Samen, frische Triebe und Kleininsekten und ruft leise und weich „tjü".

Die **Schellente** (4) ist kleiner als die Stockente und hat einen großen, dreieckig erscheinenden Kopf. Der Erpel ist oben schwarz, unten weiß und hat einen weißen Fleck vor dem Auge. Die Ente hat einen braunen Kopf und eine graue Oberseite. Die Schellente ernährt sich von kleinen Wassertieren.

Die **Eisente** (5) ist kleiner als die Stockente, im Winter am Körper überwiegend weiß gefärbt, hat dunkle Flügel und lange Schwanzspieße. Die Eisenten bleiben am längsten hier und verpaaren sich hier auch, nachdem sich Erpel und Ente vorher lange im eiskalten Wasser jagten.

Die stockentengroße **Samtente** (6) ist je nach Geschlecht schwarz und dunkelbraun gefärbt, beide mit weißem Spiegel. Sie taucht nach Muscheln und Schnecken.

Der stockentengroße **Mittelsäger** (7) ist auffallend farbenfroh gefärbt, hat einen dunklen Kopf, eine braune Brust, einen hellgrauen Körper und sägeartige Schnabelränder. Er ernährt sich vorwiegend von Fischen.

Vogelzug

Jeden Herbst und Frühling wird das Wattenmeer zu einem riesigen *Eldorado für Küsten- und Seevögel*, aber auch für Naturfreunde. Ins Watt sehend, erkennen wir ein einziges Fliegen, Laufen, Suchen, Stochern . . . und in der Luft – auch nachts – ein vielfaches Rufen, Trillern, Pfeifen und Flöten. Einem riesigen Magneten gleich zieht das Wattenmeer unvorstellbar große Vogelscharen aus Nordeuropa, Nordamerika und Nordasien in die nahrungsreichen Gefilde. Ende Juli schon treffen die ersten Strandläufer aus dem Norden ein, und es werden von Woche zu Woche mehr. Im August gesellen sich zu den hiesigen Brutvögeln noch nicht brutreife und mausernde Tiere, auch Junggesellen und Vögel, die keinen Partner fanden. Im *September* und *Oktober* sind am *Höhepunkt des Herbstzuges* auch mit bloßem Auge die riesigen Vogelwolken der kleinen Watvögel zu beobachten. Eindrucksvoll die Flugspiele von Tausenden, wenn sie auf unhör- und unsichtbare Befehle hin, in der Sonne aufleuchtend, die helle Bauchseite und wenig später die dunkle Rückenseite zeigen, beängstigend schnell ins Watt zu stürzen scheinen und sich Sekunden später amöbenartig bis an die tiefhängenden Wolken drängen. Fast unheimlich, wenn die Schwärme nachts, vom Wasser herangedrückt, um die Hallig geistern und das Rauschen der Flügelschläge nicht verstummen lassen. Niemand kann die Durchzügler aus ihrem riesigen Lebensraum zwischen Kanada und Sibirien zählen, auch Fachleute können ihre Zahl nur schätzen. Es sollen *jährlich 3 Millionen* sein, die neben den 300 000 Brutvögeln der Westküste das Wattenmeer bevölkern. Zu den 7000 Paaren hier brütender Austernfischer kommen 35 000 Durchzügler, zu den 50 brütenden Alpenstrandläufern 500 000 durchziehende.

Bis zu *1 Million Vögel* (Stand-, Strich-, Zugvögel) rasten während der Zugzeiten *gleichzeitig* im schleswig-holsteinischen Wattenmeer. Jedes Jahr treffen sich hier ca. 15 000 Brachvögel, 30 000 Goldregenpfeifer, 60 000 Austernfischer, 120 000 Enten, 300 000 Alpenstrandläufer und 400 000 Knutts. Im Spätsommer findet sich rund um Trischen ein Drittel aller europäischen Brandgänse ein, um dort zu mausern.

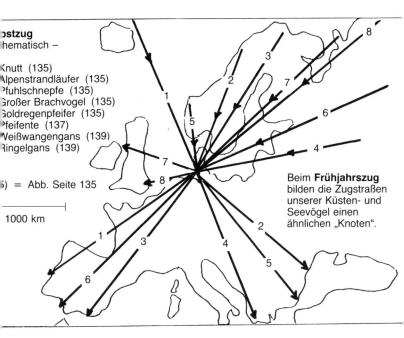

ostzug
hematisch –

Knutt (135)
Alpenstrandläufer (135)
Pfuhlschnepfe (135)
Großer Brachvogel (135)
Goldregenpfeifer (135)
Pfeifente (137)
Weißwangengans (139)
Ringelgans (139)

5) = Abb. Seite 135

1000 km

Beim **Frühjahrszug**
bilden die Zugstraßen
unserer Küsten- und
Seevögel einen
ähnlichen „Knoten".

Als Teillebensraum dieser weitgereisten Tiere wird das Wattenmeer zu einem *wichtigen Knoten im Netz der ostatlantischen Zugstraßen.* Vom Zugtrieb in den wärmeren Süden getrieben, bleiben sie 4 bis 6 Wochen oder länger im Wattenmeer, um in einer fast unbegrenzten Fülle von Nahrung zu schwelgen, zu ruhen und aufzutanken. In milden Wintern bleibt ein Zehntel der Durchzügler hier.

Der Frühjahrsaufenthalt ist für die Durchzügler besonders wichtig, weil sie sich dann die Fettreserven anfressen müssen, die sie zur Eiproduktion, beim Brüten und bei der Aufzucht der Jungtiere in der nahrungsarmen Tundra unbedingt brauchen.

Die *Frühjahrszugzeit* ist kürzer als die im Herbst. Deshalb treten die Vögel im *März und April* in noch größeren Zahlen auf als September/Oktober. Die Frühjahrsbeobachtungen haben den Vorteil, daß man dann die Tiere oft im Brutkleid beobachten kann, während sie im Herbst mit dem Ruhekleid oft braun in grau erscheinen. Die Fluchtdistanzen sind unterschiedlich, bei hochnordischen Vögeln deutlich geringer.

143

Vielbeachtete Säugetiere

Seehunde in Schauanlagen

Wie riesige Zigarren liegen sie, von vorbeifahrenden Ausflugsschiffen gut zu beobachten, an den Steilhängen der Priele. Dunkelgrau, wenn sie eben vorher an Land robbten, und hellgrau, wenn sie schon länger an der Sonne lagen. Nichts erregt so sehr die Aufmerksamkeit der Fahrgäste wie ein Rudel dieser *Lieblinge der Nordseeurlauber*. Ferngläser werden von Auge zu Auge gereicht, Fotoapparate verursachen ein Klickkonzert, und leise unterhält man sich über die Frage, ob man an den Seehunden vorbeifahren darf oder nicht. Die Reeder haben mit dem Nationalparkamt abgesprochen, daß ihre Schiffe nur bestimmte Seehundbänke anfahren, die keine Aufzuchtbänke sind. Auch wurde vereinbart, daß sich die Schiffe mit abgeschalteter Maschine nähern, um so wenig wie möglich zu stören.

Seit Konrad Lorenz ist bekannt, daß das *Kindchen-Schema als Schlüsselreiz* auf den Menschen wirkt, die dunklen Kulleraugen und der rundliche Kopf unbewußt Anteilnahme und Verlangen nach Fürsorge auslösen. Der Mensch überträgt die angeborene Hinneigung zum Säugling auf die ähnlich aussehenden Tierkinder. So finden vor allem Kinder Junghunde „süß", und alle werden traurig gestimmt, wenn sie von „Heulern" hören.

In den *Schauanlagen* von Esbjerg, Friedrichskoog und Helgoland haben wir sie wenige Meter vor uns. Bis 2 m lang und 100 kg schwer, liegen die meist gut genährten Tiere auf den künstlichen Bänken und sonnen sich in Publizity, bewegen sich nur sparsam, dösen gelangweilt, schlafen kurz, kratzen und räkeln sich, gähnen herzhaft und blinzeln länger in die Sonne als die Fotografen mögen. Trocken sehen sie mit den hellen Ringen um die Augen mitunter aus, als hätten sie Sonnenbrillen auf. Wenn ein unwillkommenes Tier zu nahe kommt, bellt der Platzinhaber ein hundeartiges „Öh,Öh". Das kurzhaarige, straffe Fell weist unregelmäßig angeordnete Flecken auf. Endlich rutschen die Sympathieträger, kurz ausatmend, in das Wasser, um sich hinter Glaswänden in Torpedoform zu zeigen und führen vor, daß sie auch unter Wasser schlafen können. Automatisch haben sich die nur als kleine Löcher

erkennbaren Ohren ohne Ohrmuscheln vor dem Abtau-
chen geschlossen. Deutlich ist zu sehen, daß der Antrieb
durch die flossenartigen Hinterbeine, die Steuerung durch
die Vorder-„Flossen" erfolgt. Das Weibchen ist etwas kleiner als das männliche Tier mit den verlängerten Eckzäh-
nen. Etwa 100 Tasthaare bilden, besonders an der Ober-
lippe des Männchens, einen beeindruckenden Schnauz-
bart. Zusammenfassend erkennen Mutter, Vater und
Anhang, daß der „Woterköter" wirklich nicht wie ein
Hund aussieht (auch nicht mit ihm verwandt ist) und nicht
– wie oft angenommen – ein Fisch ist. *Vom Wärter lassen
wir uns erzählen*, womit er seine Schützlinge füttert, wie
oft das Wasser gewechselt wird, ob sie bei ihm auch Junge
bekommen, wie alt sie sind usw. Er verrät uns vor dem
Verabschieden, daß die Vorfahren Landraubtiere waren,
ihre Abkömmlinge sich in Jahrmillionen weitgehend *auf
das Leben im Wasser umgestellt* und deshalb statt der
Beine Flossen, statt des langen Fells eine dicke Speckschicht haben. Nun haben sie zwischen den bekrallten
Zehen eine Schwimmhaut und sind im Wasser bewegli-
cher als auf dem Lande.

Seehunde im Wattenmeer

Noch deutlicher wird die *amphibische Lebensweise* der zu den Robben zählenden Seehunde in freier Wildbahn. Ihre traditionellen Sandbänke sind für sie Sonnenbank, Schlafstube und Kinderzimmer. Sie suchen die bekannten Bänke schwimmend auf und lassen sich darauf trockenfallen. Die *lebensnotwendige Sonne* so lange wie irgend möglich genießend, ruhen sie – die Liegeplätze entsprechend wechselnd – mit dem Kopf gegen den Wind auf dem warmen Sand. Um bei Gefahr schnell in das Wasser flüchten zu können, bevorzugen sie nach Osten und Südosten freie, sandige Steilufer tiefer Priele. Auf ungestörten Bänken bleiben sie oben liegen und lassen sich von der Flut „abholen". Die immer heller werdende Fellfarbe hat wirklich nichts mit dem Alter oder gar dem Geschlecht zu tun, sondern ist von der Dauer des Trockenliegens abhängig. Nur wenn die Tiere ungestört bleiben, können sie zusammen mit der Sonne das lebenswichtige Vitamin D aufbauen. Sie leben als soziale Tiere fast immer in Rudeln, halten dort aber immer einen sicheren Abstand. Nur die Jungtiere dürfen auf Hautfühlung herankommen. An Land hören sie gut, sind dort aber kurzsichtig, weil das Auge an das Sehen unter Wasser angepaßt ist. Bei Gefahr wird das Rudel von Wächtern gewarnt und huckselt dann raupengleich in das schutzbietende Wasser.

Ihre *Beutetiere*, Schollen, Wittlinge, Grundeln, Muscheln, Schnecken, Garnelen und Krebse, sehen sie mit ihren großen Augen und ertasten sie mit den langen Barthaaren. Das Gebiß aus nach hinten gerichteten Zahnspitzen ist zum Greifen eingerichtet. Der ausgewachsene Seehund braucht täglich seine 4 kg Nahrung. Er ist aber kein Konkurrent, sondern ein *Verbündeter der Krabbenfischer*, weil der Seehund sich zu einem wesentlichen Teil von Wittling, Kabeljau und Schellfisch ernährt, die zu den natürlichen Feinden der Krabben zählen. Die bis 5 cm dicke Speckschicht frißt er sich vor allem im Winter an und verbraucht sie im Sommer bei Jungenaufzucht, Haarwechsel und Brunft.

Die sommerliche *Werbung und Begattung* findet im Wasser statt. Die Entwicklung des Embryos wird aber so verlangsamt, daß das Jungtier erst im folgenden Frühsommer geboren wird. Dann können die Weibchen den Zeitpunkt der Geburt – sie erfolgt immer auf der Sandbank – selbst bestimmen. Das Neugeborene – jeder zehnte Wurf

besteht aus zwei Tieren – wirft das Wollkleid vor der Geburt ab. Gleich nach der Geburt wird das Baby in das Wasser geschubst oder gar untergetaucht. Schwimmend klammert sich das Jungtier am Rücken der Mutter fest. Gesäugt wird nur auf festem Boden. Die Seehundsmilch hat einen Fettgehalt von 40 %, was zu einer *Gewichtszunahme von 800 g je Tag* führt. Wenn die Tiere beim Säugen gestört werden, wächst das Jungtier langsamer, kann krank werden und keine Fettreserven aufbauen.

Um aufgefundene Jungtiere einen großen Bogen machen!

Sie dürfen nicht angefaßt oder belästigt und auf keinen Fall mitgenommen werden, weil sie meistens von der Mutter bei einer Störung oder während ihrer Nahrungssuche abgelegt wurden und später wieder Anschluß finden. Kurverwaltung, Polizei oder Nationalparkamt benachrichtigen! Heuler werden von Jagdberechtigten geborgen und in der Nähe einer Seehundbank wieder ausgesetzt. Seehunde werden seit 1974 nicht mehr bejagt.

Seehundsterben 1988

Das Jahr 1988 begann für die Seehunde an sich recht erfreulich. Mit etwa *4000 Tieren an der schleswig-holsteinischen Westküste* gab es nach Aufgabe der Jagd so viele Seehunde wie seit den 20er Jahren dieses Jahrhunderts noch nicht. Die seit den 30er Jahren grassierende Seehundspest mit den offenen Geschwüren an Bauch und Hals war seit den ersten 80er Jahren – als Ergebnis der auf den Außensänden eingerichteten Ruhezonen – von 70 auf 20 % zurückgegangen.

Da kam im April aus der Umgebung der dänischen Insel Anholt die Nachricht, dort würden aus nicht erklärbaren Gründen täglich viele Seehunde sterben. In wenigen Wochen erfaßte die Epidemie auch die Bestände im schleswig-holsteinischen, später im niederländischen und englischen Wattenmeer. Täglich das gleiche Bild: Blutiger Schaum tropfte aus dem Maul, Krämpfe und Fieber schüttelten die an Lungenentzündung erkrankten Tiere. 4 bis 5 Tage nach den ersten Symptomen trat mit Zuckungen der Tod ein. Von Seehundsjägern, Wasserbauwerkern und Naturschützern geborgen, wurden allein in Schleswig-Holstein *5800 Kadaver* untersucht. Auffallend hoch war der Anteil der Jungtiere. Nur ein Viertel des Bestandes überlebte. An Nord- und Ostsee fielen der seehund-typischen Krankheit 18 000 Tiere zum Opfer. Zusammen mit dem Institut für Haustierkunde der Universität Kiel haben mehr als 30 namhafte Forschungseinrichtungen, auch der Nachbarstaaten, die Totfunde registriert, vermessen, obduziert und Organe daraus sichergestellt. Sie haben Tag und Nacht gearbeitet – ohne die Krankheitsursache sicher feststellen zu können.

Haben an Staupe verendete, in die See geworfene Hunde die Krankheit ausgelöst? Lag es an der Belastung der Nordsee mit Schadstoffen? Haben Umwelteinflüsse das Abwehrsystem der Seehunde geschwächt? War es eine Bestandsregelung nach Überpopulation? Ist als Mutation ein neuer Erreger entstanden? Kamen die Erreger aus Nerzfarmen am Kattegat? Wurden sie durch Vögel vom Baikal-See in den Kattegat verschleppt? Welche Rolle spielten Parasiten? War die Seuche mit ähnlichen Katastrophen in anderen Erdteilen vergleichbar?

Fest steht, daß die Epidemie multifaktorielle Ursachen hatte, ein *hundestaupe-ähnliches Virus* (Phocine Distemper Virus) war Auslöser. Es wird angenommen, daß der Er-

An Schleswig-Holsteins Nordseeküste Rätselhaftes Seehundssterben
tummeln sich die meisten Seehunde   Holländer: Seehunde
„Nicht unsere Robben sterben, sondern zugewanderte"   sterben an Hundestaupe
Dem kranken Tier ist nicht zu helfen Seehundjahrgang 1988 ohne Chance
Seehundsbestand: Ein Viertel bereits tot Das Seehundsterben alarmiert die Politiker
Seehundsforscher leisten harte Arbeit Robben von Katastrophe nicht betroffen
Seehundsterben Zeichen „Die Seehunde sollen nicht   Drastische Schritte
für Öko-Katastrophe?   umsonst gestorben sein"   zum Robben-Schutz
Experten: Robben-Fortbestand nicht gefährdet „Robben im Lande vor dem Aussterben"
Schon mehr als 1000 Seehunde tot gefunden Düstere Zukunftsvision wurde Gegenwart
Seehunde – das Kindchenschema rührt   70 Prozent des Bestandes tot
                                                               500 Seehunde mehr
„Jagdverbot hat zur Überpopulation bei Seehunden geführt" als bisher angenommen
                                                               im Wattenmeer
Seehundssterben erreicht einen neuen Höhepunkt   Todesursache im dunkeln
„Fisch- und Seehundsterben sind die Quittung" Tod hautnah vor den Augen
Forscher im Wettlauf mit dem Robbentod   Seehunde bald nur noch seltene Gäste?
Minister stoppt Verarbeitung vergifteter Robben zu Futter   „Wir sind machtlos"
„Hoffnung auf baldiges Ende des Sterbens" Seehunde beginnen Rudelauflösung

reger von Grönland-Sattelrobben eingeschleppt wurde, die
gegen das Virus resistent waren. Die Seehunde starben vor
allem in den belasteten Randbereichen der Nordsee. Deshalb steht die Belastung der Nordsee mit Schadstoffen nun
im Mittelpunkt der Diskussion um die möglichen Dauer-
folgen der Epidemie. Anzeichen für eine Überpopulation
gibt es nicht. Hoffentlich führt die europaweite Betroffen-
heit zu einer Entlastung der Nordsee.

1989/90/91 lag die Geburtenrate bei 20 %, die Zahl der
Totfunde im langjährigen Durchschnitt. Es ist zu hoffen,
daß in etwa 15 Jahren der Bestand von vor 1988 wieder
erreicht wird.

Die 40 *Kegelrobben* auf dem Jungnamensand bei Amrum
wurden von dem Virus nicht befallen. Sie werden 2,50 m
lang und 300 kg schwer, haben einen langgestreckten Kopf
und sind unterschiedlich gefärbt. Vor dem Mittelalter
waren sie an der schleswig-holsteinischen Westküste weit
verbreitet.

Wale

Noch in den 60er Jahren war es keine Seltenheit, daß im Wattenmeer von Schiffen aus der **Kleine Tümmler** oder Schweinswal (1) beobachtet werden konnte. Während der **Große Tümmler** (2) schon damals kaum mehr gesehen wurde, gab es vom Schweinswal noch ganze Schulen (Mütter mit Kindern), Gruppen von 4 bis 5 nebeneinander herschwimmenden Kleinwalen. Tümmler wird das Säugetier – also kein Fisch – wegen seiner Verspieltheit genannt. Auch als deutscher Delphin bezeichnet, ist er bei ruhigem Wasser an seiner dreieckigen Rückenfinne auf dem mitunter aus dem Wasser ragenden Oberkörper zu bestimmen. Er wird 1,50 m lang, 50 kg schwer, ist oben dunkelgrau und unten fast weiß. Der kleine *Zahnwal* hat eine waagrechte Schwanzflosse und auf dem Kopf zum Ein- und Ausatmen ein Blasloch. Am liebsten mag der schnelle Schwimmer fette Fische, also Heringe, Makrelen usw. Die Schweinswalkuh bringt nur alle 2 bis 3 Jahre – mit dem Schwanz voran – ein auffallend großes Walkalb zur Welt. Tümmler unternehmen *ausgedehnte Wanderungen*, halten sich aber auch im Winter im Wattenmeer auf. Er kann bis 20 m tief tauchen.

Besonders oft wird der Kleine Tümmler vor Sylt beobachtet. Neuerdings werden an den Stränden und Deichen öfters tote Jungtiere gefunden. Die Ursachen hierfür sind noch nicht bekannt.

Über Lebensweise und Bestandsgröße ist sehr wenig bekannt. Deshalb haben Wissenschaftler und Nationalparkamt ein Meldesystem entwickelt, um von Schiffsführern, Sportbootfahrern und Ausflüglern Informationen über diese interessanten Tiere zu sammeln.

Ab und zu verirren sich auch *Großsäuger* der allseits bekannten Arten aus den nördlichen Meeren hierher. Sie sind dann meistens Todeskandidaten, weil sie die Orientierung verlieren. Sie orten den Boden unter sich, indem sie die Zeiten zwischen Abgabe und Auffangen der Ultraschall-Signale feststellen. Dieses *„Echolotsystem"* funktioniert aber im flachen, weichen Wattenmeer nicht, so daß sie stranden und von den eigenen Fleischmassen erdrückt werden. Es kann auch sein, daß sie blindlings dem Leittier folgen und so in flaches Wasser geraten.

Das Auftauchen von Großwalen war immer die große Ausnahme, bedeutete aber an der Küste eine Sensation: 1723 verirrten sich 18 Wale auf einem Paarungszug in die

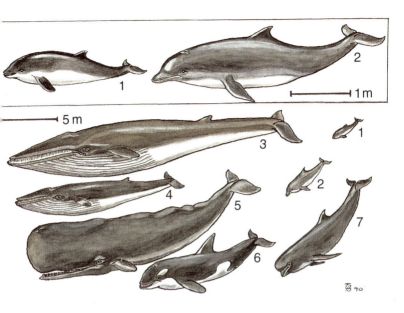

Elbmündung und versetzten die Anwohner in Schrecken.
1984 entdeckten Krabbenfischer einen 20 m langen und 48
Tonnen schweren **Finnwal** (3) im Schlick vor der Hamburger Hallig. Er wurde nach Husum geschleppt und in Kiel
präpariert. Ein 10 m langer, junger **Zwergwal** (4) verendete
1990 krank vor Büsum auf dem Tertius-Sand. 1969
kämpfte vor St. Peter ein riesiger **Pottwal** (5) vier Stunden
um sein Leben. 1980 strandete ein alter Pottwal-Bulle vor
Trischen. Pottwale können wohl bis zu 3000 m tauchen,
sind aber im Flachwasser hilflos. 1965 konnte ein **Schwertwal** (6) vor Sylt nur noch tot geborgen werden. 1988 strandete ein 6 m langer Schwertwal tot am Föhrer Deich. Ob
Schwertwale früher die einzigen Feinde der Seehunde und
der Tümmler waren, ist nicht sicher. 1965 gelang es einem
Grindwal (7), sich wieder in die offene Nordsee abzusetzen.
1974 wurde ein Grindwal an den Sylter Strand gespült, der
wohl an einer Fehlgeburt gestorben war. *Wal-Beobachtun-
gen bitte dem Forschungszentrum 2242 Büsum, 04834/
6040, oder dem Nationalparkamt Tönning, 04861/6456,
melden.*

Kultur in der Natur

Alte Sagen

Landschaften mit bewegter Vergangenheit, Inseln vor allem, sind immer fruchtbare Orte von Sagen. Oft ranken sich in ihnen um einen geschichtlich mehr oder weniger wahren Kern, und zwar bildreiche Überlieferungen, einfache Deutungen und der Phantasie von Erzählern entsprungene Ergänzungen.

Wie die Nordsee entstanden ist

Der dänische König warb um die Königin von England. Mehrfach fuhr er gen West, beschenkte die Umworbene reich und versprach ihr die Ehe. Später verliebte er sich aber in eine Frau aus seinem Lande und heiratete sie. Daraufhin rächte sich die Königin Garhoven, indem sie durch 700 Männer die Landverbindung zwischen Frankreich und England wegschaufeln ließ. Nach sieben Jahren strömten die Wassermassen des Atlantiks durch den Ärmelkanal. Dabei ertrank, außer Tausenden von Menschen zwischen Elbe und Norwegen, auch Königin Garhoven.

Der Stein des Bolko

Westlich von Föhr liegt im Watt ein großer Findling. Er soll früher in Balkum Opferstein gewesen sein, von dem bei Thingversammlungen das Feuer loderte. Mit anderen Kindern spielte auch Bolko bei ihm, der erwachsen auf Wikingfahrt ging. Als er heimkehrte, hatte eine Sturmflut sein Dorf zerstört, und nur der Stein war noch da. Voller Schmerz bestieg er mit seinen Schätzen den Stein und ertrank in der Flut.

Die Zwerge von Föhr

Zwerge gingen zum Fischen ins Watt, fingen dort Vögel und stellten Netze, um Enten und Gänse zu fangen. Man hat sie aber nie dabei gesehen, nur verlorene Fische gefunden. Als die ersten Kirchen auf Föhr gebaut wurden, wollten die Zwerge nach Amrum auswandern. In einer dunklen Nacht setzte der alte Fährmann von Utersum die kleinen Gesellen über. Als er zu Hause ankam, fand er vor der Tür einen ganzen Hut voller Goldstücke.

Das Moor von Schottland

Einst brachte ein starker Nordwest von Schottland ein riesiges Moor mit vielen Bäumen und wilden Tieren. Die Wogen der Nordsee schwemmten das Moor über die Wälder Frieslands, das seitdem ohne Bäume ist. Das Moor war wegen des Salzes darin nicht zum Brennen geeignet und liegt seitdem bei Lüttmoor. Auf dem unheimlichen schwarzen Moor mit Baumresten und Knochen von Waldtieren brütete eine Ente. Sie zerfiel bei der leisesten Berührung zu Staub. An anderer Stelle fand man im Moor einen ganzen Wagen, davor die Gerippe der Pferde und daneben die Knochen des Fuhrmannes.

Das Licht der treuen Schwester

Nachdem eine schwere Sturmflut die Insel Alt-Nordstrand zerstört hatte, lagen nördlich davon einige bewohnte Trümmer. Auf der Hainshallig wohnte Witwe Ocken, Tochter und Sohn Ocke. Einst war er mit seiner Mutter zum Fischen ins Watt gegangen. Ein plötzlich einsetzendes Unwetter schnitt ihnen den Rückweg ab, so daß sie sich nur noch auf einen Stein retten konnten. Als Ocke erwachsen war, ging er zur See und versprach beim Tode seiner Mutter, seine Schwester oft zu besuchen. Als Wegzeichen setzte sie eine brennende Lampe ins Fenster. Kapitän geworden, nahm ihn die Seefahrt voll in Anspruch. Schwester Elke stellte jeden Abend ein Licht auf und wartete sehnsüchtig auf den Bruder. Eines Tages bemerkten die Nachbarn, daß das Licht nicht mehr brannte. Die Greisin war gestorben, das Licht verlöscht. In einer Mondscheinnacht fand der Bruder nur noch den Stein, auf den sich seine Mutter und er retten konnten.

Ekke Nekkepenn

Einst verließ der Meermann Ekke Nekkepenn seine Frau Ran und gesellte sich zu den Unterirdischen von Sylt. Vergeblich warb er um eine junge Zwergenfrau. Nach der Hochzeit des Zwergenkönigs Finn wurde in der Nordsee gebadet. Dabei tauchte vor ihm Dörte, ein verkleidetes Mädchen aus Rantum auf. Aus Angst vor den Unterirdischen hatte sie sich Jungenkleider angezogen. Er wollte sie nur loslassen, wenn sie seinen Namen erraten könnte. Abends am Strand singend verriet er ihn, und Dörte war frei.

Mehrfache Besiedlung

Wenn er darauf achtet, stößt der interessierte Wattwanderer nicht selten auf Hinweise früherer Besiedlung, auf *Kulturspuren*. Felder begrenzende Gräben, kunstvoll gesetzte Sodenbrunnen, weitgehend abgetragene Warftreste und eben aus dem Boden ragende Sielreste sind letzte Spuren der einst dichten Besiedlung.

Wann die ersten Menschen in das Gebiet des heutigen Wattenmeeres eindrangen, ist nicht bekannt. Wahrscheinlich waren die ersten Nutzer *Jäger und Fischer*, die sich hier nur zeitweise aufhielten. Eine *erstmalige Besiedlung* erfolgte etwa 1500 Jahre vor der Zeitenwende am Übergang von der Stein- zur Bronzezeit. Aus der *jüngeren Steinzeit* sind mehrere Fundplätze bekannt. Erste Besiedlungsversuche vor Dithmarschen und Eiderstedt gab es, das hat die Grabung Tofting ergeben, um 100 n. Chr. Drei freigelegte Wohnplätze führten zu aufschlußreichen Erkenntnissen über Hausformen, Brunnenbau, Ackerbau, Viehzucht, Handel und Kleidung auf der damaligen Insel (Hallig). Bereits damals wurde der durch die Viehzucht anfallende Dung zur Feuerung und zur Wohnhügelerhöhung genutzt. Die Hügel bestanden aus Dung- und Sodenschichten, noch nicht aus aufgeschütteter Erde. So baute man Warften erst ab dem hohen Mittelalter. Der Frühbesiedlung im 2. bis 5. Jh. folgte (nach Auswanderung) eine Zeit der spärlichen Besiedlung. Die meisten Siedlungen in Norderdithmarschen haben das 3. Jh. n. Chr. wohl nicht überdauert. Rund um die nordfriesischen Inseln sind 110 ehemalige Siedlungsplätze bekannt.

Eine ebenerdige Besiedlung größerer Bereiche des Nordens erfolgte kolonisationsartig erst um 900 n. Chr. Sie blieb ohne eindeutige Quellen und ohne letzte Klarheit, erfolgte wohl von der westfriesischen Küste aus. Im 11. und 12. Jh. gab es auf großflächigem Marschland zahlreiche Siedlungen, zum Teil schon auf niedrigen Warften. Im Schutz niedriger Deiche wurde auf im Winter überflutetem *Halbkulturland* – vorübergehend – Ackerbau betrieben. Meeresspiegelanstieg und Sturmfluten bereiteten dem Menschen ungemein harte Lebensbedingungen. Nach der Sturmflut von 1362, der ersten Groten Mandrenke, wurden

auf den verbliebenen Marschlandfetzen die Flachsiedlungen aufgegeben, Warften und Erdwälle (Deiche) aufgetragen und während des Mittelalters oft erhöht. Zerstörte Gebiete wurden wieder bedeicht und bewirtschaftet.

Das *Kartenwerk des Husumer Kartographen Johannes Mejer* weist für die Zeit um 1240 viele Ortsnamen aus. Erst seit Anfang unseres Jahrhunderts beschäftigt man sich intensiv mit der Besiedlungsgeschichte des heutigen Wattenmeeres. Wissenschaftler und Laienforscher bemühten sich vor allem um das Schicksal Rungholts. Vieles konnte enträtselt werden.

Das (vorläufig) endgültige Gesicht bekam die nordfriesische Uthlande durch die zweite Grote Mandrenke von 1634. Wo bis dahin fruchtbare Felder gute Ernten brachten, liegen nun Seegraswiesen. Wo vor 1000 und mehr Jahren Menschen siedelten und ständig nach besseren und sichereren Lebensmöglichkeiten suchten, steht nun täglich die Nordsee. Ab Anfang des 18. Jh. versuchte der Mensch, die ständigen Landverluste durch Küstenschutz zu bremsen.

Vielseitige Nutzung

Daß das Wattenmeer eine hohe ökologische Bedeutung hat, wird oft erwähnt. Seltener, daß es auch eine wichtige ökonomische Quelle ist. Seit über 1000 Jahren bewohnt der Mensch die Uthlande, lebt von Landwirtschaft, Fischerei und Schiffahrt; in den letzten Jahrzehnten kam der Fremdenverkehr dazu.

Schiffahrt

Halligen und Inseln müssen versorgt und entsorgt werden. Das flache Wattenmeer verlangt breite Schiffe mit geringem Tiefgang. Es ist *Bundeswasserstraße* und darf von zugelassenen Fahrzeugen den Vorschriften entsprechend befahren werden.

Die meist weiß gestrichenen *Fährschiffe* besorgen den Transport von Personen, Fracht und Fahrzeugen nach den Inseln. Die bis zu 70 m langen und von 15 Mann Besatzung bedienten Fähren können 1000 Fahrgäste und 60 Pkw befördern. Die *Ausflugsschiffe* sind kleiner, haben einen Tiefgang von 1 m und kosten bis zu 1 Mill. DM. Häufig sind auch *Spezialschiffe* zu sehen, die für den Küstenschutz Baumaterialien, Steine, Sand und Geräte zu den Baustellen transportieren. *Vermessungsschiffe* sind gleichzeitig Wohn- und Versorgungsschiffe mit viel Elektronik und nautischen Geräten. Sie liefern die Grundlagen für Seekarten. *Küstenmotorschiffe* werden seltener. Die beliebtesten Fotomotive sind die *Krabbenkutter*. Die Wasserschutzpolizei ist mit ihren relativ schnellen *Küstenstreifenbooten* oft mehrere Tage unterwegs, um nach dem Rechten zu sehen. Boote der Fischereiaufsicht sorgen dafür, daß in der 12-Meilen-Zone Verstöße gegen das Fischereirecht unterbleiben. Ein *Zollkreuzer* erhebt Zoll und vermeidet Schmuggel. Alle Dienstfahrzeuge haben den Auftrag, Umweltsünder zu stellen. An *Segelbooten* sind vor allem Motorsegler, Optimisten, Jollen 404 und Flying Dutchman vertreten. Das schwierige Fahrwasser mit wechselndem Wasserstand, Prielen und Sandbänken bereitet den Kapitänen aller Fahrzeuge während der Niedrigwasserzeiten oft Kummer. Besonders bei stärkerem Ostwind fahren sie sich ohne Wasser unter dem Kiel fest und müssen nicht selten lange auf Wasser warten.

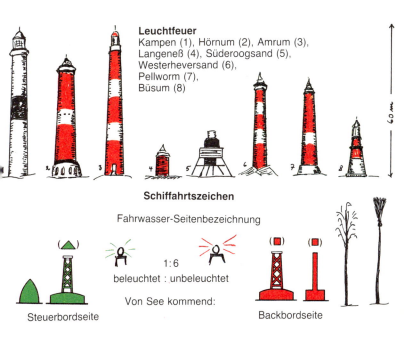

Leuchtfeuer
Kampen (1), Hörnum (2), Amrum (3),
Langeneß (4), Süderoogsand (5),
Westerheversand (6),
Pellworm (7),
Büsum (8)

60 m

Schiffahrtszeichen

Fahrwasser-Seitenbezeichnung

1:6

beleuchtet : unbeleuchtet

Von See kommend:

Steuerbordseite

Backbordseite

Der Sicherheit von Fahrzeugen und Passagieren dienen *Seezeichen* (Tonnen, Leuchttürme . . .). Die gesteckten Stangen mit hafenwärts aufrecht und nach draußen abwärts befestigten Besen sowie die Pricken stehen am Rande der Priele. Die schwimmenden Tonnen verschiedener Formen sind unbefeuert oder befeuert. Dann enthalten sie für eine zweijährige Brenndauer 400 kg Flüssiggas. Sie sind in Richtung Hafen links rot, in der Gegenrichtung grün gestrichen. Zwischen Elbmündung und dänischer Grenze liegen 600 Tonnen und stecken Hunderte von Pricken. Auch auf dem Wasser gilt das Rechtsfahrgebot.

Für die Sicherheit unverzichtbar sind auch die *Leuchttürme* und ihre Unterfeuer. Sie sind automatisiert und werden von Tönning aus durch das Wasser- und Schiffahrtsamt betreut.

Für Notfälle sind jederzeit die unsinkbaren *Boote der Deutschen Gesellschaft zur Rettung Schiffbrüchiger und die SAR-Hubschrauber* von Westerland und Helgoland einsatzbereit. Sie werden in dringenden Fällen über Polizei-Notruf 110 benachrichtigt.

Krabbenfang

Auf einer Fahrt durch das Wattenmeer sehen wir meistens in der Nähe großer Priele *Krabbenkutter*. Die Ausflügler stürzen auf die Sehseite. Wie Schmetterlingsflügel hängen die Netze beim Positionswechsel an den beiden Kutterseiten und verschwinden an vibrierenden Auslegerseilen im Wasser, wenn er wieder fischt. Mit Glück hat man den malerischen Kutter und die beiden winkenden Fischer formatfüllend im Sucher. Ein Hauch von Nostalgie liegt dann über dem Wattenmeer, wenn Kutter geräuschlos am tuckernden Ausflugsschiff vorbeiziehen.

Die etwa 18 m langen und 8 bis 9 Knoten laufenden Stahlkutter schleppen back- und steuerbords 15 m lange Kurren (Schleppnetze) 3 bis 4 m tief auf Rollen über den Boden. Da die „Krabben" auf dem Boden gegen den Strom laufen, wird mit dem Strom gefischt. Weil die *Garnelen* dann nicht rückwärts zur Seite schnellen, ist ein bewegtes, undurchsichtiges Wasser am ergiebigsten. Da die auf Moor liegenden Krabben einen „swatten Moors" haben und schwer absetzbar sind, wird lieber über Sand gefischt. Nach einer Stunde werden die Prielbewohner per Seilwinde an Bord gehievt, der Steert aufgeknotet, und der zappelnde Fang fällt auf Deck. Neben hochspringenden Fischen, zur Seite laufenden Strandkrabben, Seesternen, Knurrhähnen, Schollen usw. sind es vor allem die begehrten Krabben. Wieviele im Netz sind, wird nach Aussage erfahrener Fischer ein Lotteriespiel bleiben. Nun sitzt jeder Handgriff der beiden Fischer. Der Steert wird wieder verknotet, die Netze werden ausgelegt. Was keine kochreife Garnele ist, wird auf dem Schüttelsieb aussortiert und als Beifang (Gammel) über Bord geworfen. Die „Krabben" mit Mindestlänge kommen auf dem Achterdeck zum Abkochen in einen mit Salzwasser gefüllten Kessel. Nach etwa 10 Minuten werden aus den graugrünen Langschwanzkrebsen rote *Speisekrabben*. Nochmals verlesen, werden sie in hygienische Aluminiumbehälter gefüllt. Nach einer kurzen Verschnaufpause ist der nächste Hol dran. Eine Fangreise dauert 8 bis 10 Stunden. Radar, Echolot, Decca-Navigator, See- und Betriebsfunk, Selbststeueranlage und Bordcomputer ermöglichen auch bei ungünstiger Witterung das Auslaufen und Fischen.

Der seit Mitte des vorigen Jahrhunderts betriebene Krabbenfang ist aus ökologischer Sicht im Nationalpark vertretbar, obwohl etwa 130 Kutter (die Zahl ist nach EG-

Recht beschränkt) in jedem Jahr etwa 6000 Tonnen Krabben anlanden. Das Weibchen gibt jährlich bis 12 000 Eier ab. Erfreulich ist, daß die *Beifangverarbeitung eingestellt* wurde. Der Beifang wird durch Verbesserung der Fangtechniken weiter reduziert werden.

Die steigenden Kosten der Anschaffung und der Pflege von größeren Kuttern und moderner Ausstattung, vor allem die Mineralölpreise und die holländische bzw. dänische Konkurrenz machen dem Fischer das Leben schwer. Auf Krabbenfluten folgen Preisebben, und wenn die Krabben knapp sind, bleiben die Erlöse auch schlecht. Nur die Möwen kommen immer auf ihre Kosten.

Die Krabbenfischerei ist auch in Zone 1 erlaubt. Es werden mit den Fischern Verhandlungen mit dem Ziel geführt, einige Gebiete als *Regenerationszone* fischereifrei zu halten und um sicherzustellen, daß Seehunde während der Setzzeit und Vögel während ihrer Mauser nicht gestört werden.

Ausflugsfahrten

Von 30 Ausflugsschiffen werden jährlich 6500 Fahrten mit über 700 000 Gästen durchgeführt. Es sind vor allem Ausflügler aus dem Binnenland und Urlauber, die die *landschafts- und naturkundlichen Sehenswürdigkeiten* des Wattenmeeres und seines Umlands kennenlernen möchten. Den „Besenalleen" entlang geht es dann zu den Seehundsbänken, werden die Halligen angelaufen oder Inseln besucht. Unterwegs wird durch den Bordlautsprecher über das Wattenmeer, seine Bedeutung und seine Gefährdung informiert.

Zur *Weißen Flotte* zählen die unterschiedlichsten Schiffstypen. „Schlickrutscher" führen aus mehreren Häfen heraus Rundfahrten in die Umgebung durch. Käptn, Steuermann, Fremdenführer, Kassierer und Verkäufer in einer Person, sorgt der Eigner auch noch für die gute Stimmung an Bord. Die etwas größeren Boote machen Halbtagsfahrten zu den benachbarten Halligen und Inseln. Die Ausflugsschiffe der Mittelklasse bieten 300 und mehr Gästen nicht nur Panorama und Information, sondern auch Verpflegung und originelle Getränke.

Für die meisten Urlauber gehört eine *Halligfahrt* zum festen Urlaubsprogramm. In Büchern und Medien oft besprochen, möchte man die Mini-Inseln einmal selbst aufgesucht haben. Um Pflanzen- und Tierwelt keine Schäden zuzufügen, sollte man dann die Anweisungen befolgen, die vor dem Anlegen bekanntgemacht werden. *Bitte die befestigten Wege nicht verlassen!* An den kleineren Halligen muß, da das Wasser bald wieder abläuft, rechtzeitig abgelegt werden.

Die *Fahrten zu den Seehundsbänken* erfreuen sich einer besonderen Beliebtheit, waren aber bis vor kurzem umstritten. Bei genügend Abstand lassen sich die Seehunde nicht stören, sagen die Ausflugsschiffer. Sie stehen auch dann unter Streß, wenn sie nicht von der Sandbank robben, erklären Naturschützer. Das Nationalparkamt hat mit den Reedern vereinbart, daß bestimmte, abgesprochene Liegeplätze mit genügend großem Abstand umfahren werden. Es wird mit gleichmäßig oder nicht laufender Maschine, ohne ungewöhnliche Fahrmanöver und ohne Lautsprecherdurchsage vorbeigefahren. Hastige Bewegungen, Musik und laute Geräusche müssen vermieden werden, um die Seehunde möglichst wenig zu stören. Mit einem Fernglas ausgerüstete Gäste haben die „Watten-

stars" dann vor sich und Fotografierende und Filmende mit langen Teleobjektiven die bekanntesten Tiere des Wattenmeeres formatfüllend im Kasten. Die Aufnahmen sind richtig belichtet, wenn mit der automatisch arbeitenden Kamera nicht der Himmel, sondern das reflexfreie Wasser angemessen wurde.

Bei hohen Windstärken wird so manche unternehmungslustige Landratte zum Bleichgesicht. Man sollte möglichst schon vor den ersten Anzeichen von *Seekrankheit* an die frische Luft. In der Schiffsmitte ist das Schlingern, Stampfen und Rollen des Schiffes nicht ganz so folgenschwer. Beine hochlegen, Brot kauen, Schluck Wasser trinken, notfalls – vorher – Tabletten schlucken. Wenn es soweit ist, immer die Leeseite suchen. Meist schafft man es nicht, gegenan zu opfern.

Die Möwen sollten, an sich gern gesehen und wegen ihrer Flugkünste oft bewundert und fotografiert, nicht gefüttert werden. Sie sollten vom Menschen nicht gefördert und weiße Kleckse auf Blusen und Schiff vermieden werden.

Bitte nichts ins Wasser werfen!

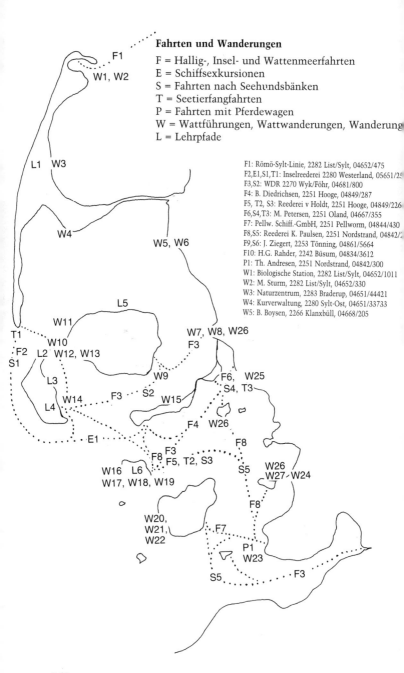

Fahrten und Wanderungen

F = Hallig-, Insel- und Wattenmeerfahrten
E = Schiffsexkursionen
S = Fahrten nach Seehundsbänken
T = Seetierfangfahrten
P = Fahrten mit Pferdewagen
W = Wattführungen, Wattwanderungen, Wanderung
L = Lehrpfade

F1: Römö-Sylt-Linie, 2282 List/Sylt, 04652/475
F2,E1,S1,T1: Inselreederei 2280 Westerland, 05651/2!
F3,S2: WDR 2270 Wyk/Föhr, 04681/800
F4: B. Diedrichsen, 2251 Hooge, 04849/287
F5, T2, S3: Reederei v Holdt, 2251 Hooge, 04849/226
F6,S4,T3: M. Petersen, 2251 Oland, 04667/355
F7: Pellw. Schiff.-GmbH, 2251 Pellworm, 04844/430
F8,S5: Reederei K. Paulsen, 2251 Nordstrand, 04842/:
F9,S6: J. Ziegert, 2253 Tönning, 04861/5664
F10: H.G. Rahder, 2242 Büsum, 04834/3612
P1: Th. Andresen, 2251 Nordstrand, 04842/300
W1: Biologische Station, 2282 List/Sylt, 04652/1011
W2: M. Sturm, 2282 List/Sylt, 04652/330
W3: Naturzentrum, 2283 Braderup, 04651/44421
W4: Kurverwaltung, 2280 Sylt-Ost, 04651/33733
W5: B. Boysen, 2266 Klanxbüll, 04668/205

162

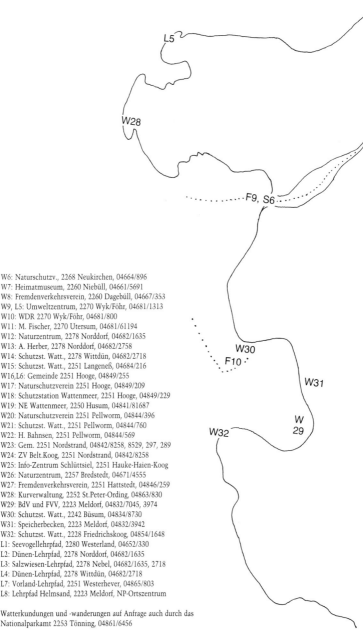

W6: Naturschutzv., 2268 Neukirchen, 04664/896
W7: Heimatmuseum, 2260 Niebüll, 04661/5691
W8: Fremdenverkehrsverein, 2260 Dagebüll, 04667/353
W9, L5: Umweltzentrum, 2270 Wyk/Föhr, 04681/1313
W10: WDR 2270 Wyk/Föhr, 04681/800
W11: M. Fischer, 2270 Utersum, 04681/61194
W12: Naturzentrum, 2278 Norddorf, 04682/1635
W13: A. Herber, 2278 Norddorf, 04682/2758
W14: Schutzst. Watt., 2278 Wittdün, 04682/2718
W15: Schutzst. Watt., 2251 Langeneß, 04684/216
W16,L6: Gemeinde 2251 Hooge, 04849/255
W17: Naturschutzverein 2251 Hooge, 04849/209
W18: Schutzstation Wattenmeer, 2251 Hooge, 04849/229
W19: NE Wattenmeer, 2250 Husum, 04841/81687
W20: Naturschutzverein 2251 Pellworm, 04844/396
W21: Schutzst. Watt., 2251 Pellworm, 04844/760
W22: H. Bahnsen, 2251 Pellworm, 04844/569
W23: Gem. 2251 Nordstrand, 04842/8258, 8529, 297, 289
W24: ZV Belt.Koog, 2251 Nordstrand, 04842/8258
W25: Info-Zentrum Schlüttsiel, 2251 Hauke-Haien-Koog
W26: Naturzentrum, 2257 Bredstedt, 04671/4555
W27: Fremdenverkehrsverein, 2251 Hattstedt, 04846/259
W28: Kurverwaltung, 2252 St.Peter-Ording, 04863/830
W29: BdV und FVV, 2223 Meldorf, 04832/7045, 3974
W30: Schutzst. Watt., 2242 Büsum, 04834/8730
W31: Speicherbecken, 2223 Meldorf, 04832/3942
W32: Schutzst. Watt., 2228 Friedrichskoog, 04854/1648
L1: Seevogellehrpfad, 2280 Westerland, 04652/330
L2: Dünen-Lehrpfad, 2278 Norddorf, 04682/1635
L3: Salzwiesen-Lehrpfad, 2278 Nebel, 04682/1635, 2718
L4: Dünen-Lehrpfad, 2278 Wittdün, 04682/2718
L7: Vorland-Lehrpfad, 2251 Westerhever, 04865/803
L8: Lehrpfad Helmsand, 2223 Meldorf, NP-Ortszentrum

Watterkundungen und -wanderungen auf Anfrage auch durch das
Nationalparkamt 2253 Tönning, 04861/6456

163

Wattwandern

„Nur Wattwandern ist schöner", wissen viele Urlauber nach der Rückkehr in die heimatlichen Gefilde zu berichten. In idealer Weise kann man sich im immer gut durchlüfteten Watt bewegen, erholen und bräunen, kann viel über die Landschaft von früher und heute, über Tiere im und am Watt erfahren. In den letzten Jahren hat sich das Wattwandern zum Volkssport, zur touristischen Attraktion entwickelt. Das liegt wohl am Gefühl des Freiseins, am gestiegenen Gesundheitsbewußtsein, am Reiz des Sammelns, an der Suche nach Formen gemeinsamen Erlebens.

Ohne es zu wollen, atmet man in diesem riesigen Inhalatorium mit staubfreier und jodhaltiger Luft unbewußt tiefer, nimmt den *Heilfaktor Luft* voll in Anspruch, härtet sich ab gegen Winterbeschwerden und entspannt alle bemuskelten Körperteile. Die wohltuende Wirkung strahlt auf das Gesamtbefinden des Menschen aus. Schon beim ersten Versuch erweist sich das Wattlaufen als ideale Abwechslung zum Aalen im Sand. Wattwandern ist das beste Mittel gegen Schlaf- und Appetitlosigkeit, kann allerdings auch süchtig machen.

Der erfahrene *Wattführer* hat Sammelbeutel, Eimer, Schraubglas, Grabforke, Gliep und Küchensieb mit, um einige typische Bewohner des Watts original erleben zu lassen. Damit alle viel sehen können, kratzt er zunächst einen Kreis und darin Ebbe und Flut in den Sand. Dabei läßt er nicht unerwähnt, daß Wattführer mit 10 % „Schwund" rechnen würden und bittet die Raucher an die Leeseite. Er gräbt Pierwürmer aus, läßt Watt riechen, Queller schmecken und Muschelschalen sammeln. Er würzt die mehrstündige Wanderung mit Anekdoten und Sagen, weiß Interessantes aus der Landschaftsgeschichte und Selbsterlebtes zu erzählen. Er verblüfft mit eindrucksvollen Zahlen, tritt Herzmuscheln aus und läßt sie wieder verschwinden. Im Priel schieben Kinder die Gliep, während die Eltern sich die ersten Urlaubs-Erfolgserlebnisse beim Buttgrabbeln holen. Kinder toben im Klackermatsch, und Jugendliche lernen sich beim gegenseitigen Herausziehen aus dem Schlick schnell kennen.

Im Watt lauern viele Gefahren. Es wird dringend empfohlen, größere Wanderungen mit einem ortskundigen Wattführer zu machen. Er hat Uhr, Tidekalender, Signalmittel, Marschkompaß, Fernglas, Nebelhorn, Trillerpfeife, Seekarte, Rettungsdecke, Verbandsmaterial, Rettungsleine

Weit und schön — aber für Unkundige
lauert im Wattenmeer der Tod

**Vier Surfunfälle
in nur acht Tagen**

Die Flut kommt schneller als man denkt

32 Wattwanderer
durch Springflut
in Lebensgefahr

Wattwanderer aus Lebensgefahr gerettet

Zwei Seenoteinsätze im Wattenmeer

Dramatische Rettungsaktion im Watt

Wattwanderer
tot geborgen

Wenn die Flut kommt, wird es
für den Wanderer gefährlich

Wattwanderern stand
das Wasser bis zum Hals

Unkenntnis und Leichtsinn haben schon manchen
Wattwanderer in große Gefahr gebracht

15 Menschen
im Watt

Wattwanderer in letzter Minute gerettet gerettet

Nicht ungefährlich: Wattwandern   Urlauber von Flut überrascht

und Funksprechgerät mit. Er ist in der Wattkunde und in
Erster Hilfe ausgebildet, weiß um Gezeiten und plötzlich
auftretende Gefahren. Er gibt vor der Wanderung Tidever-
hältnisse, Wetterbericht und Wanderplan bekannt, teilt der
Funkstation auf dem Lande Teilnehmerzahl, Abgang und
voraussichtliche Rückkehr mit. Jeder Mitläufer erfährt,
daß er sich auf eigene Gefahr anschließt.

*Man darf nie allein, nachts, bei Sturm, bei Gewitter,
Nebel, ohne Niedrigwasserzeit oder bei auflaufendem
Wasser hinausgehen, nie unbekannte Strecken gehen und
die Zone 1 nicht betreten.*

Watterfahrene laufen barfuß, Wattunerfahrene in fest
geschnürten Leinenturnschuhen. Meist geht man 2 Stunden vor dem Niedrigwasser (siehe Broschüre „Hoch- und
Niedrigwasserzeiten" oder Tageszeitung) ins Watt und läßt
nach Niedrigwasser keinen Priel zwischen sich und dem
Deich, der Hallig oder der Insel. Lieber zu früh als zu spät
zurückgehen!

Notwendiger Küstenschutz

„Die Maßnahmen des Küstenschutzes einschließlich der Vorlandsicherung . . . werden nicht eingeschränkt", heißt es im Nationalparkgesetz. Das Wattenmeer ist als *natürlicher Wellenbrecher* für den Küstenschutz unverzichtbar, weil es bei Sturmfluten eine durch nichts zu ersetzende Energieverzehrzone bildet. Die ständigen Tideströmungen bewirken nicht nur in den Prielen Ausräumung und Abtrag, in den küstennahen Bereichen hingegen Absetzen und Ablagerung. Küstenschutzfachleute schlagen vor, auf den Wasserscheiden Dämme zu bauen und dadurch die Einzugsbereiche der Prielsysteme zu verkleinern, die Erosion zu bremsen, die Wattsockel zu erhalten und die Anlandung zu fördern. Großflächig gesehener Naturschutz und flächenhafter Küstenschutz sind daran interessiert, die ökologisch besonders wertvollen und als Wellenbrecher unverzichtbaren Flachwasser- und Wasserwechselbereiche zu erhalten.

Jahrhunderte hindurch war die Landgewinnung der beste Küstenschutz. Erst der Wandel im Naturbewußtsein und die Überschüsse in der Landwirtschaft hatten in den letzten Jahrzehnten ein *tiefgreifendes Umdenken* zur Folge. Der Küstenschutz hat im Interesse der hinter dem Deich lebenden Menschen weiterhin seine Priorität, orientiert sich jetzt aber an der Ökologie des Gesamtraumes und sucht naturnahe Lösungen. Die *Küstensicherung* bleibt eine unabdingbare Voraussetzung für die Besiedlung der Niederungsgebiete an der Küste.

Maßgebend für die Küstensicherung ist der Generalplan „Deichverstärkung, Deichverkürzung und Küstenschutz" von 1962, der nun zu 85 % erfüllt ist.

Zu den *Küstenschutzwerken* des Wattenmeeres zählen Dämme, Lahnungen, Buhnen, Grüppen und die Befestigung der Halligkanten. Sie zu bauen und zu unterhalten ist die Aufgabe der Ämter für Land- und Wasserwirtschaft. Sie haben Spezialschiffe für den Transport von Baumaterial, Schlepper für den Transport der Schuten und auf den Dämmen Loren zur Verfügung.

Die *Dämme* nach Sylt, Oland, Hamburger Hallig, Nordstrandischmoor und Nordstrand haben sich als Barrieren

gegen die küstenparallelen Strömungen und Förderer der Sedimentation bewährt. Die größer werdenden Auflandungsflächen südlich und nördlich davon sind wertvolle Salzwiesen, Brut-, Rast- und Nahrungsgebiete der Küstenvögel.

Ohne die *Befestigung der Halligkanten* wäre ein Teil der Halligen nicht mehr oder nur noch in Resten da. Eine natürliche Abbruchkante ist weit ansprechender, auf die Dauer aber nicht zu erhalten, wenn die Halligen der Nachwelt erhalten werden sollen.

Die Küstenschutzmaßnahmen sind sehr teuer, weil das Material oft hohe Transportkosten verursacht und trotz häufigerem Einsatz von Maschinen schwere Handarbeit nötig ist. 30 % der Kosten trägt das Land und 70 % im Rahmen der Gemeinschaftsaufgaben der Bund. Alle Küstenschutzmaßnahmen werden, dem Landschaftspflegegesetz entsprechend, auf ihre Naturverträglichkeit überprüft. Es ist die umweltschonendste Variante durchzuführen.

Probleme im Nationalpark

Die Nordsee und mit ihr das Wattenmeer haben einen kaum zu überschätzenden *ökologischen, aber auch ökonomischen Wert*. Die Anwohner der Nordsee leben an und von der See. Die Urlauber sind daran interessiert, in einem biologisch intaktem Wasser baden zu können und wissen, daß die Badewasserqualität auch von ihrem Handeln zu Hause abhängig ist. Deshalb sind alle, Einheimische und Urlauber, Ausflügler und Wassersportler, Naturschützer und Politiker gefordert, für die Nordsee und das Wattenmeer nicht nur einzutreten, sondern auch zu handeln. Seit den 70er Jahren wird über die Nordseeverschmutzung diskutiert, seit Algenblüte und Seehundsterben ist sie Dauerthema. Diskutieren genügt nicht: Handeln ist gefragt!

Verölte Vögel am Strand und Öl an den Fußsohlen (mit Terpentin zu kurieren) sind meistens die ersten real erlebten Alarmzeichen. **Ölverschmutzung** gibt es seit mindestens 1910. Seit Mitte der 70er Jahre wird nach der Ölkrise in der Hochseeschiffahrt nicht Dieselöl, sondern Schweröl gefahren. Das bringt hohe Rückstandsmengen, die dann in die Nordsee entsorgt werden. Die schleichende Ölpest stammt bei uns also nicht von Schiffskatastrophen, sondern zu 90 % von der Schiffahrt. Ölklumpen liegen vor allem im Winter am Strand, weil sie dann weit langsamer abgebaut werden als im Sommer. In der offenen See glättet Öl die Wogen und veranlaßt Vögel zum Landen. Die schrecklichen Folgen für Tausende von Hochseevögeln sind bekannt. Neuerdings machen modernst ausgerüstete Flugzeuge vom Typ DO 228 Jagd auf Ölsünder. Eine Laserfluorosensorkamera kann Einträge auch unter der Meeresoberfläche analysieren.

Auf der künstlichen, 70 mal 90 m großen *Förderinsel „Mittelplate A"* bei Trischen wird betont, daß von dort kein Öl in die Nordsee gelangen könne. Ein selbständiges Austreten des zähflüssigen Öls wäre nicht möglich. Durch zulassungspflichtige Betriebspläne wird dafür Sorge getragen, daß die Erdölförderung unter Beachtung des höchsten Sicherheitsstandards erfolgt. Trotz dieses Sicherheitsstandards stellen die Bohrinsel und der laufende Betrieb eine

Belastung für das Wattenmeer dar. Geräuschentwicklung, Beleuchtung, zusätzlicher Schiffsverkehr und das Bauwerk selbst wirken störend auf den Ablauf der Naturvorgänge. Die Ölförderung im Bereich der Mittelplate läuft dem Ziel zuwider, im Nationalpark Schleswig-Holsteinisches Wattenmeer die Naturvorgänge zu sichern.

In der Bevölkerung an der Nordseeküste stößt der Nationalpark wegen der aus Naturschutzgründen notwendigen diversen Verbote auf erhebliche Akzeptanzprobleme. Dieser Personenkreis äußert immer wieder sein Unverständnis, daß der Gesetzgeber Nutzungen der einheimischen Bevölkerung im Interesse des Naturschutzes einschränkt, gleichzeitig aber die massive und neuartige wirtschaftliche Ausbeutung in dem gleichen Gebiet zulasse. Viele Einheimische sind der Ansicht, daß zunächst die großen intensiveren Nutzungen beendet werden müssen, bevor angestammte Nutzungen der einheimischen Bevölkerung untersagt würden.

Die ehrenamtlichen Naturschutzverbände sehen die Beendigung der Ölförderung im Bereich der Mittelplate als Testfall für Glaubwürdigkeit der Umweltpolitik der Landesregierung an. Mit der Begründung, daß ein folgenschwerer Unfall nicht auszuschließen sei und eine Erdölförderung den Zielen des Nationalparks widerspricht, wird oft das *Einstellen der Förderung* verlangt.

Wissenschaftler weisen darauf hin, daß der Eintrag von **Schadstoffen** (Schwermetalle und Chemikalien) gefährliche Ausmaße angenommen hat. 10 Millionen Tonnen sollen es sein, die jährlich durch Flüsse (aus Haushalt, Landwirtschaft und Industrie) und durch die Luft (Verbrennungsrückstände von Industrie, Verkehr und Heizung) in die Nordsee gelangen. Ein Großteil der Schadstoffe stammt aus Rhein und Elbe. Die meisten werden gar nicht oder nur langsam abgebaut. Viele stören das Immunsystem und wirken bei höheren Konzentrationen als Gifte, wobei die Folgen beim Zusammenwirken noch lange nicht bekannt sind. Millionen von Jahren alte Nahrungsketten, Stoffkreisläufe und Nahrungsnetze werden vor allem von den Schwermetallen zerstört. Die Embryonen vieler Fischarten weisen oft Mißbildungen auf, die später häufig zum Tode führen. Hoffen wir, daß nach der Vereinigung der ost- und westdeutschen Länder auch die Elbe sauberer wird.

Im Frühsommer bildet sich nicht selten bei lebhaften Winden am Flutsaum Schaum. Er kann bis 2 m hoch werden, wenn mikroskopisch kleine Algen von den Wellen zerschlagen werden und Eiweiß frei wird. Wie in der Küche beim Schlagen von Eiklar Eischnee wird, entsteht an der Nordseeküste die sogenannte **„Algenblüte"**. Wenn sich durch große Mengen an Nährstoffen (Phosphat und Nitrat aus Dünge- und Waschmitteln, Abwässern und Reinigungsmitteln) bei hohen Temperaturen und viel Sonne die winzigen Algen (vor allem Chrysochromulina polylepis) explosionsartig vermehren und wieder absterben, verbrauchen sie Unmengen von Sauerstoff, der den Tieren fehlt und sie sterben läßt. Der Schaum ist für den Menschen unangenehm, für Jungvögel oft tödlich.

Kürzere Alpengletscher, milde Winter und ungewöhnlich viele schwere Stürme stimmen nachdenklich. Folgenschwere Klimaänderungen hat es früher auch gegeben, doch laufen sie jetzt schneller ab. Mehr Kohlendioxid (bei jeder Verbrennung entstehend), Methan und Stickoxide in der Atmosphäre verursachen den **Treibhauseffekt**. Sie wirken wie ein Treibhausdach, das die kurzwellige Sonnenenergie herein-, die langwellige aber nicht hinausläßt. Die Erdatmosphäre wird aufgeheizt, die Temperaturen steigen, die Polkappen schmelzen und die Wasserstände steigen. In den letzten Jahrhunderten stiegen sie um jeweils 30 cm, in Zukunft können es nach Schätzungen 60 cm werden.

Nach dem Luftverkehrsgesetz ist eine **Flughöhe** von 500 Fuß (150 m) über Grund erlaubt. Eine freiwillige Vereinbarung sieht vor, daß in Privatmaschinen möglichst nicht unter 2000 Fuß (600 m) geflogen wird. Nach den für die Bundeswehr und die Alliierten geltenden Regeln dürfen Strahlflugzeuge, wenn Wolken und Flugsicht es zulassen, das Wattenmeer nur in einer Mindestflughöhe von 3000 Fuß (900 m) überfliegen. Der Luftraum wird durch Überwachungsgeräte stichprobenweise kontrolliert.

1969 wurde zwischen Land und Bund eine **Munitionserprobungsstelle im Speicherkoog Dithmarschen-Süd** vereinbart und der Koog von der Bundeswehr mitfinanziert. Übers Jahr verteilt werden Übungsmunition und Lenkflugkörperraketen in 100 qkm Wattenmeer geschossen und von Hubschraubern geborgen. Nachhaltige Störungen der

Vogelwelt, vor allem der mausernden Brandgänse, sind die Folge. Es wurde vorgeschlagen, den Bielshövensand zur Zone 1 des Nationalparks zu erklären und die Versuche einzustellen. Die Umweltminister des Landes und des Bundes haben sich gegen die Waffenerprobung im Nationalpark ausgesprochen. Es ist anzunehmen, daß die allseits begrüßte internationale Entspannung die Geschoßerprobungen überflüssig macht.

Die für die **Jagd** zuständigen Minister haben die Wasservogeljagd im Wattenmeer eingestellt, weil im Nationalpark das Töten von Wildtieren verboten ist, keine Existenzen gefährdet sind, die Tierwelt nachhaltig gestört wird, es keine unzumutbare Härte darstellt, eine Bestandsregulierung nicht nötig ist und die Tiere ohne Bejagung ihre Scheu verlieren.

Der vor allem im Treibselwall von der See abgelegte **Müll** bietet nicht nur einen häßlichen Anblick, er ist auch gefährlich. Jährlich liegen an der Westküste 50 000 Tonnen Treibsel. Den größten Anteil liefern Verpackungsmaterialien verschiedenster Art und unterschiedlichster Herkunft. In den meisten Fällen stammt der Müll von Schiffen. Fahrgäste und Besatzungsangehörige „entsorgen" immer noch Flaschen, Kisten, Plastikabfälle, Angelschnüre, Netzreste, Behälter usw. über Bord. Gezeitenwelle und vorherrschender Westwind bringen die ungeliebte Fracht an unsere Küste. Hier werden vor allem Plastikteile nicht selten für die Vögel zu Todesfallen. Die Pellets aus Rohplastik werden von ihnen aufgenommen, können aber nicht verdaut und so zur Todesursache werden. Flaschen als Flaschenpost auszuwerfen ist höchst unvernünftig. Sie kommen früher oder später an unsere Küste, werden von der Brandung an Steinkanten zerschlagen und anschließend als Scherben für Ausflügler und Urlauber zur Gefahr. Viele können sich, an den im Schlick verborgenen Scherben einer Flasche verletzt, die schönsten Tage des Jahres restlos verderben.
Im Interesse aller muß von den Entscheidungsträgern, vor allem *von den Politikern, gefordert* werden, daß die Umweltforschung intensiviert wird, die Klärwerke nachgerüstet und die Flußwasser überwacht werden, die Belastung der Nordsee über Flüsse und durch die Luft schnellstens drastisch gesenkt wird, die chemische Industrie auf

umweltverträgliche Produkte und Technologien umgestellt wird, das Einleiten von Phosphaten und Nitraten
gesetzlich gesenkt wird, bei allen Großbauten an der Küste
Umweltverträglichkeitsprüfungen durchgeführt werden,
weitere Ölbohrstellen nicht genehmigt werden, Klär-
schlamm und Hafenschlick nicht in die Nordsee verklappt
werden, die Abfall- und Sondermüllverbrennung auf See
verboten wird, die kostenlose Ölentsorgung in allen Häfen
möglich ist, die Nordseeüberwachung weiter verbessert
wird, Ölsünder härter bestraft werden und bald greifende
internationale Vereinbarungen getroffen werden.

Das Land Schleswig-Holstein hat umfangreiche Programme (Klärwerks-Nachrüstung, Gülleverordnung, Ufer-
randstreifenprogramm) in Gang gebracht, wodurch es eine
Vorreiterrolle unter den Nordsee-Anrainern übernommen
hat. Allerdings dürfen die Anstrengungen nicht nachlas-
sen, und es müssen die übrigen Länder schnellstens nach-
ziehen.

Wir alle sollten Umweltpapier verwenden, Haushalts-
Chemikalien einsparen, phosphatfreie Waschmittel benut-
zen, auf Bleichmittel und Desinfektionsmittel verzichten,
Sondermüll trennen und abgeben, weniger düngen, keine
chemischen Pflanzenschutzmittel einsetzen, auf überflüs-
sige Verpackung verzichten, den Abfall ordnungsgemäß
entsorgen, mit Katalysator fahren, das Tempo freiwillig
beschränken und in Natur- und Umweltschutzorganisatio-
nen praktisch mitarbeiten.

Auf die Gefahren für die Nordsee weisen besonders die
Schutzgemeinschaft Nordseeküste 2250 Husum (04841/
2240), die WWF-Wattenmeerstelle 2250 Husum (04841/
62073) und die Schutzstation Wattenmeer 2370 Rendsburg
(04331/23622) hin.

Zukunftsorientierte Forschung

Warum wanderten Meeräsche und Schwertmuschel ein? Warum wurden Austern und Tümmler selten? Warum ist die eine Silbermöwe friedlich wie eine Stockente und die andere ausgesprochen räuberisch? Warum gibt es mal mehr, mal weniger Garnelen? Warum sind 1988 so viele Seehunde gestorben? *Fragen über Fragen, und in vielen Fällen (noch) keine Antwort.* Um sie in Zukunft häufiger zu finden, wird die Forschung im Wattenmeer einen besonders hohen Stellenwert bekommen. Ohne Forschung gibt es keinen optimalen Schutz, ohne wissenschaftliche Begleitung keine umfassende Beurteilung des Ökosystems.

Eine als ökologisch zu bezeichnende Forschung im Wattenmeer begann 1869 *Möbius*. Er stellte für die Austernbänke ein biocönotisches Gleichgewicht fest. Die ersten Bestandsaufnahmen lieferte 1922 *Hagmeier*, einigermaßen umfassende 1951 Smidt. Er war der Meinung, daß in keinem anderen Meeresgebiet so viel Nahrung produziert wird wie im Wattenmeer. Nach umfangreichen Arbeiten von *Thamdrup, Wohlenberg* und *Linke* bezeichnete *Reise* 1981 das Wattenmeer als ein artenreiches Ökosystem mit vielfältigen biotischen Verknüpfungen, aber ohne balanciertes Gleichgewicht.

1934 wurde in Büsum die *Forschungsstelle Westküste* begründet, in der Wissenschaftler zunächst Grundlagenforschung für die Vorbereitung von Landgewinnung betrieben und sich ab 1984 um den flächenhaften Küstenschutz, die Erhaltung des Ökosystems Wattenmeer, den Sturmflutschutz und den Sturmflutwarndienst bemühten.

Ein Jahr nach Begründung des Nationalparks legte das Nationalparkamt ein *Forschungskonzept* vor. Es beinhaltet das erste Ökosystemforschungsprojekt im Wattenmeer der deutschen Küste. Nach einer Bestandsaufnahme von Pflanzen und Tieren soll der Lebensraum interdisziplinär erforscht werden. In einem zweiten Arbeitsprogramm geht es vor allem um den Stoffhaushalt im Sylter Wattenmeer. An dem Projekt sind zahlreiche Behörden, Forschungsinstitute und Universitäten auch der Nachbarländer beteiligt. Vom Nationalparkamt koordiniert, werden seit 1989 im *Großforschungsprojekt „Ökosystemforschung Watten-*

173

meer" die ökologischen und sozio-ökonomischen Vorgänge und Zusammenhänge im Lebensraum Wattenmeer erkundet und ein Wattenmeer-Informationssystem (WATIS) aufgebaut.

In den nächsten fünf Jahren stehen etwa 25 Millionen von Land und Bund für umfassende Bestandsaufnahmen, interdisziplinäre Grundlagenforschung, internationale Verbundforschung und spezielle Vorhaben (Dauerbeobachtung, Einrichten von 0-Flächen/ohne Nutzung, Konfliktforschung) zur Verfügung. Durch Langzeitbeobachtung sollen Daten und Fakten über Belastung, Herkunft von Schadstoffen sowie Zusammenhänge deutlich werden und Vorschläge für Abhilfe, Entscheidungshilfen entstehen. Ein länderübergreifendes „Frühwarnsystem" kann auch für den Tourismus von großer Bedeutung sein. Die Arbeiten der Biologen, Chemiker, Physiker, Sedimentologen und Ozeanographen werden in einer Datenbank gesammelt und in einen Umweltatlas eingehen.

1990 wurde das schleswig-holsteinische Wattenmeer durch die UNESCO als Biosphären-Schutzgebiet anerkannt. Damit ist es neben fünf weiteren Gebieten in Deutschland weltweit als besonders wertvolles Gebiet bestätigt, in denen das Zusammenspiel von Umwelt und Mensch erforscht werden soll.

Eines der ersten Forschungsprogramme hatte die Wanderungen der Seehunde zum Inhalt. Von jungen Tieren aus den Aufzuchtstationen wurden nach dem Auswildern mit Hilfe der Telemetrie (Kreuzpeilung) vom Lande aus die jeweiligen Aufenthaltsorte festgestellt. Dann wurden auf Sandbänken mit großen Netzen ausgewachsene Seehunde gefangen, vermessen und ihnen Minisender an das Fell geklebt. Wie in niederländischen und dänischen Gewässern werden – bis zum nächsten Haarwechsel – mit Hilfe der Satellitentelemetrie Wanderwege und Verhaltensweisen erforscht. Die Tiere werden durch den 30 km reichenden Sender nicht behindert.

Wie schwierig Forschung sein kann, sei am Beispiel Seehundsterben 1988 angedeutet. Es waren 7 Institute, 4 staatliche Untersuchungsämter, mehrere Universitäten und Forschungseinrichtungen dabei herauszufinden, warum die Seehunde starben. Das Seehundsterben führte Wissenschaftler aus Deutschland, den Niederlanden, Dänemark und England zusammen.

Wertvolle Nationalparks

Nationalparks in aller Welt

Was ist ein Nationalpark? fragen viele Besucher der Küste seit einigen Jahren. Auf jeden Fall *kein Park im üblichen Sinn*. Wenn man von Nationalparks spricht, meint man oft riesige Naturlandschaften in Afrika (Serengeti) oder Nordamerika (Yellowstonepark), in denen man seltene Bäume und Tiere sehen kann. Das gibt es in Deutschland seit Jahrhunderten nicht mehr.

Die Bezeichnung „Nationalpark" stammt aus den Vereinigten Staaten von Nordamerika. Der Amerikanische Kongreß schuf 1872 mit dem *Yellowstone-Nationalpark* den ersten Nationalpark der Welt. Auslöser war die Gefahr, daß die Naturschönheiten des amerikanischen Westens der Nachwelt verloren gehen könnten. Ziel war, sie aus ästhetischen und kulturellen Gründen so zu erhalten, wie sie die weißen Siedler vorgefunden haben.

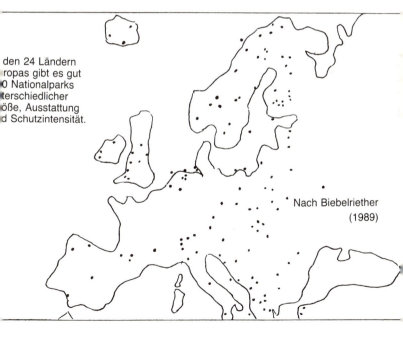

In den 24 Ländern Europas gibt es gut 0 Nationalparks terschiedlicher öße, Ausstattung d Schutzintensität.

Nach Biebelriether (1989)

175

Innerhalb von 100 Jahren entstanden in vielen Ländern etwa *1300 Nationalparks,* nicht selten aus wirtschaftlichen Gründen. Um international gültige Regelungen zu ermöglichen, wurde 1948 die *International Union of Conservation of Nature and Natural Resources (IUCN)* gegründet. Sie beschloß 1969 in Neu-Delhi die erste *Nationalparkdefinition.* Sie ist aber keine international bindende Rechtsvorschrift, die die Einrichtung und die Aufgaben von Nationalparks festlegt. Allgemeine internationale Definitionen können nicht jede örtliche Besonderheit berücksichtigen. Sie sind Empfehlungen, die Raum lassen für lokale Gegebenheiten.

Den deutschen Naturfreunden sind die Parks der Schweiz, der Niederlande und Skandinaviens am bekanntesten.

In *Deutschland* gibt es *keine unbeeinflußten Naturlandschaften,* keine großflächigen Gebiete mehr, die aus der Nutzung herausgenommen werden könnten. Für die Bundesrepublik nennt das *Bundesnaturschutzgesetz* im § 14, Abs. 1 die Bedingungen für das Einrichten von Nationalparks. Demnach sind es rechtsverbindlich festgesetzte, einheitlich zu schützende Gebiete, die
– großräumig und von besonderer Eigenart sind,
– im überwiegenden Teil ihres Gebietes die Voraussetzungen eines Naturschutzgebietes erfüllen,
– sich in einem vom Menschen nicht oder wenig beeinflußten Zustand befinden und
– vornehmlich der Erhaltung eines möglichst artenreichen heimischen Pflanzen- und Tierbestandes dienen.
Nationalparks werden geschützt, aber auch – soweit es der Schutzzweck erlaubt – der Allgemeinheit zugänglich gemacht.

Aufgaben und Ziele der Nationalparks haben sich gewandelt. Ursprünglich lag die Betonung auf Erhaltung, Bildung und Erholung. Dann kam als wesentliches Element der Natur- und Landschaftsschutz hinzu. Oberstes Ziel sollte die Erhaltung des heimischen Pflanzen- und Tierreichtums sein. Heute ist auch die Forschung ein wesentliches internationales Kriterium.

Ein Nationalpark muß nicht gleich der Idealvorstellung entsprechen. Es geht auch nicht ohne Kompromisse. Gelingen kann ein Nationalpark nur, wenn die Bevölkerung ihn nicht nur akzeptiert, sondern auch verantwortlich mitträgt.

Nationalparks in Deutschland

In Deutschland gibt das Bundesnaturschutzgesetz die Rahmenbedingungen vor, ausgefüllt werden sie durch eigene Gesetze der Länder.

Der **Nationalpark Bayerischer Wald** (1970) an der Grenze zwischen Bayern und Böhmen ist 13 000 ha groß und damit das einzige großflächige *Waldschutzgebiet* Mitteleuropas. 4000 ha sind jetzt schon von forstwirtschaftlichen Maßnahmen unbeeinflußt und können sich so entwickeln wie die Natur es will. Das auch erdgeschichtlich interessante Gebiet ist zu 99 % bewaldet. Der Bergmischwald wird von Jahr zu Jahr vielfältiger, artenreicher und naturnäher. Abgestorbene Bäume bleiben liegen, vermodern mit der Zeit und bieten vielen Insekten und Vögeln einen idealen Lebensraum. Der Luchs hat dort wieder eine Heimat gefunden. Wanderwege führen an Mooren, Bergbächen und Naturwaldzellen vorbei, Lehrpfade an Informationsständen und waldgeschichtlichen Hinweisen. Empfehlenswert ist ein Besuch der Gehegezone mit Bär, Hirsch, Wisent, Wildschwein, Luchs, Otter, Wolf und vielen einheimischen Vogelarten. Über 10 Millionen Natur- und Waldfreunde, Ausflügler und Fachleute haben den ersten deutschen Nationalpark bisher besucht und damit dem geographisch benachteiligten Gebiet wirtschaftlich geholfen.

Informationen: Hans-Eisenmann-Haus W-8351 Neuschönau, Tel. 08558/1300.

Der **Nationalpark Berchtesgadener Land** (1978) liegt südlich von Ramsau, Schönau und Berchtesgaden, westlich und östlich von Königssee und Watzmann. Steil aufragende Berge, tief eingeschnittene Täler, fjordartige Seen und weite Hochplateaus charakterisieren die *Gebirgslandschaft* im äußersten Süden der Bundesrepublik. Die Gletscher der Eiszeiten und die anschließende Verwitterung prägten diese imposante Landschaft aus Kalkgesteinen. Enzian und Edelweiß, Gemse und Steinadler stehen für den Reichtum dieses extremen Lebensraumes an wildlebenden Pflanzen und Tieren. Er trägt Mischwald, natürliche Matten, Felsschutt, Gletscher und ganz oben den ewigen Schnee. Der Fremdenverkehr ist nach Almwirtschaft, Holzeinschlag und Jagd nun der wichtigste Wirtschaftszweig. Von seinen Besucherzahlen weiß jeder zu berichten, der einmal als Ausflügler eine Fahrt über den Königssee machte. Weit wichtiger ist dem Urlauber das *Wandern*. Kurwege, Bergpfade und alpine Steige lassen bei Senioren, Jugendlichen und Bergerfahrenen kaum Wünsche offen.

Informationen: Nationalparkamt W-8240 Berchtesgaden, Tel. 08652/61068.

Im 240 000 ha großen **Nationalpark Niedersächsisches Wattenmeer** (1986) zwischen Borkum und Cuxhaven, rund um die Inseln Juist, Norderney, Baltrum, Langeoog, Spiekeroog und Wangerooge gibt es *3 Zonen unterschiedlicher Schutzintensität*. Die Zone I (Ruhezone) enthält die empfindlichsten Landschaftsteile, die Zone II (Zwischenzone) die Bereiche zwischen den streng geschützten Gebieten und der Zone III (Erholungszone). Auch dort werden die Salzwiesen in ihrem Bestand erhalten und betont gering beweidet. Bezeichnend für diesen Wattenmeer-Nationalpark ist, daß die Strände zum Nationalpark gehören und für den Erholungs- und Kurbetrieb freigestellt sind. In der Zwischenzone darf das Landschaftsbild nicht verändert und der Naturgenuß nicht beeinträchtigt werden. Während der Brut- und Aufzuchtzeit darf das Vorland nur auf ausgewiesenen Wegen betreten werden. Die Ruhezone darf ganzjährig nur auf zugelassenen Wegen aufgesucht werden.

Informationen: Nationalparkverwaltung W-2940 Wilhelmshaven, Tel. 04421/408276.

1990 erklärte Hamburg seinen Wattenmeeranteil (mit Neuwerk und Scharhörn) zum **Nationalpark Hamburgisches Wattenmeer**. Der Hamburger Wattenmeeranteil, vor Cuxhaven in der Deutschen Bucht, ist nur 11 700 ha groß. Das Mündungsgebiet der Elbe ist aber wegen des Zusammentreffens von Salz- und Süßwasser besonders reich an natürlichen Nährstoffen und damit auch an Küsten- und Seevögeln. Die Tierwelt der Brackwasserbereiche wird geprägt durch angepaßte, besonders robuste Arten.

Informationen: Nationalparkamt, Steindamm 22, W-2000 Hamburg 1, Tel. 040/2486-2042.

In den östlichen Bundesländern wurden fünf Nationalparks begründet, „Unteres Odertal" befindet sich in der Planung. Der 800 qkm messende **Nationalpark Vorpommersche Boddenlandschaft** zwischen Rostock und Stralsund umfaßt einen besonders naturnah verbliebenen Abschnitt der Ostseeküste. Die Bodden (Buchten und

Strandseen) bilden die Kernzonen. Auch Flach- und Steil-
küsten, Nehrungen (Landzungen) und Dünen, Strandseen
und Salzwiesen, Geröllstrände und Wälder gehören zu dieser unverwechselbaren Landschaft. Erst vor etwa 6000
Jahren entstanden, wachsen nun mehrere Halbinseln
zusammen. Dort nistende Seeadler, Kraniche, Kampfläu-
fer, mehrere Arten von Seeschwalben und Möwen, Enten
und Gänsen zählen zur auffallend reichen Vogelwelt. Zu
den Zugzeiten rasten dort bis zu 40 000 Kraniche und etwa
70 000 Enten. Unbeeinflußte Erlenbrüche, windgeschorene
Küstengehölze und seltene Trockenbiotope, offene Heiden,
hohe Adlerfarnbestände und von Efeu und Geißblatt
umrankte knorrige Buchen schaffen ein überaus vielfälti-
ges Landschaftsbild.
Informationen: Forsthaus O-2382 Born, Tel. 0037/8284
295.

Der **Nationalpark Jasmund** auf der Insel Rügen wird
durch seine kilometerlangen, bis zu 110 m hohen Kreide-
felsen und die sie überragenden Rotbuchenwälder charak-
terisiert. Auf seinen 3000 ha erfreulich naturnahen Flächen
liegen außerdem mehrere Kreidebrüche, Moore und Trok-
kenrasen. Viele geschützte oder seltene Pflanzenarten
(Orchideen) und Relikte aus dem Pflanzen- und Tierreich
früherer erdgeschichtlicher Formationen haben in dem seit
1935 bestehenden Naturschutzgebiet und seit 1990 im
Ostsee-Nationalpark eine Überlebenschance. Die von
Stürmen und Eisgang geschaffenen einmaligen Abbruch-
wände aus Schreibkreide waren nicht nur für Caspar David
Friedrich weithin bekannte Motive. Zahlreiche Geologen
und Geographen, Botaniker und Zoologen besuchen seit
der Jahrhundertwende diese abwechslungsreiche, aber
auch gefährdete Landschaft. Kreidezeitliche und eiszeit-
liche Ablagerungen haben in einem relativ kleinen Bereich
einen sowohl erdkundlich als auch botanisch reichen
Lebensraum hervorgebracht.
Informationen: Nationalpark Jasmund O-2355 Saßnitz,
Tel. 0037827925110 App. 57.

Der **Müritz-Nationalpark** zwischen Waren und Wesen-
burg ist 300 qkm groß. Kernstück der Mecklenburgischen
Seeplatte mit ihren über 100 Seen, liegt er an der namenge-
benden Müritz. Drei Schutzzonen enthalten sich selbst
überlassene Bereiche und solche mit geringerem Schutz in

einer dünn besiedelten Landschaft. Von den Gletschern der Weichselvereisung aufgebaut, weist die abwechslungsreiche Landschaft nun bewaldete Endmoränen und dazwischen flache Sander mit urtümlichen Mooren und unterschiedlich großen Seen auf. Artenreich ist in den Bruchwäldern und auf den mageren Böden die Pflanzenwelt, noch wertvoller die Fauna mit seltenen Brutvögeln (Seeadler, Fischadler, Schwarzstorch, Rohrdommel) und Tausenden von durchziehenden Kranichen und Gänsen. Beobachtungstürme ermöglichen ein Betrachten ohne zu stören.

Der **Nationalpark Hochharz** in Sachsen-Anhalt umfaßt den östlichen Teil des Harzes, überragt vom 1142 m hohen Brocken. Der fast 6000 ha große Nationalpark trägt vor allem Mittelgebirgswald, zum Teil mit Urwaldcharakter. Moore unterschiedlicher Art, Matten und Bäche lockern den Wald auf. Sie beherbergen seltene Pflanzen- und Tierarten, die sonst nur in den Alpen vorkommen. Sagen und Mythen haben den Harz früh zum Treffpunkt unterschiedlichster Gruppen werden lassen. Im Brockengebiet wird, 30 Jahre lang gesperrt, nun der Tourismus zum naturbelastenden Problem.

Informationen: Nationalparkamt O-3700 Wernigerode, Tel. 0037/927 36301.

Der **Nationalpark Sächsische Schweiz** besteht aus fast 10 000 ha Wald und Felsenlandschaft. Typisch für ihn sind die hoch aufragenden, in der Kreidezeit vom Wasser geformten Felsen. In den naturnah verbliebenen Bächen leben Forellen, Äschen und Elritzen, an ihren Ufern Eisvögel, Wasseramseln und Fischotter. Auch die Felsen und Urwälder bieten seltenen Tieren (Rauhfußkauz, Uhu, Schwarzstorch) Zuflucht. Vor allem das Elbsandsteingebirge lockt Wanderer und Naturfreunde.

Informationen: Nationalparkverwaltung O-8305 Königstein, Tel. 0037/5691 229.

Nationalpark Schleswig-Holsteinisches Wattenmeer

Auf dem Wege zum Nationalpark

1907: Jordsand kauft für 20 000 Goldmark Norderoog
1930: Naturschutzgebiet Hamburger Hallig
1937: Naturschutzgebiet Norderwatt
1939: Naturschutzgebiet / Vogelfreistätte Norderoog
1959: Naturschutzgebiet Hallig Südfall
Naturschutzgebiet Insel Trischen
Vorschlag Großreservat Halligmeer
1963: Generalplan „. . . Küstenschutz" verabschiedet
1968: Naturschutzgebiet Nordfriesische Außensände
1969: Landesjagdverband Schleswig-Holstein schlägt
Nationalpark Nordfriesisches Wattenmeer vor
1970: Vorschlag Naturpark Wattenmeer und Halligen
Nordfriesisches Wattenmeer zum Naturschutzgebiet und Nationalpark vorgeschlagen
1971: Einstweilige Sicherstellung des NF-Wattenmeeres
Grabungsschutzgebiet Wattenmeer
1972: Deutscher Naturschutztag in Husum
1973: Referentenentwurf für einen Nationalpark
Gröde, Habel, Süderoog und Nordstrandischmoor zu
Naturschutzgebieten, Hooge, Oland und Langeneß
zu Landschaftsschutzgebieten vorgeschlagen
1974: Naturschutzgebiet Nordfriesisches Wattenmeer
Betreuungsauftrag an Schutzstation Wattenmeer
Einstellung der Seehundsjagd
Erste Nationalpark-Diskussion
1976: Landesregierung zieht Referenten-Entwurf zurück
Bundesnaturschutzgesetz mit neuen Richtlinien
für Nationalparks
Keine Kernkraftwerke im Wattenmeer
1977: Landschaftsschutzgebiet Dithmarscher Wattenmeer
Naturschutzgebiet Hallig Süderoog
1980: Erstes Wattführertreffen
1982: Wiederaufnahme der Nationalpark-Diskussion
1983: Luftkissenfahrzeuge für das Wattenmeer vorgeführt
1984: Zweiter Entwurf der Landesregierung für einen

Nationalpark Schleswig-Holsteinisches Wattenmeer
Opposition legt Wattenmeer-Schutzpaket vor
Enttäuschung von Naturschutzorganisationen
wegen zu großer Zugeständnisse an die Nutzer des
Wattenmeeres
Umfangreiche Diskussion um den Nationalpark
1985: Die meisten Kommunen und Organisationen spre-
chen sich gegen den Referenten-Entwurf zum Natio-
nalpark aus
Kreistage Dithmarschen und Nordfriesland lehnen
den Entwurf zum Nationalparkgesetz ab
Landtag beschließt Nationalpark-Gesetz
Einrichtung des Nationalparkamtes
1987: Fremdenverkehr und Naturschutz mit „Pidder
Lyng" nach London zur II. Internationalen Nordsee-
konferenz
1988: Nordsee-Aktionstage und Menschenketten auf den
Inseln
Landtag spricht sich für eine Beendigung der
Waffenerprobung in der Meldorfer Bucht aus
Schutzgemeinschaft Nordseeküste, Aero-Clubs und
Nationalparkamt vereinbaren Verzicht auf Flüge
unter 600 m
1989: Protestversammlung der Nationalparkgegner in
Husum
Verklappen von Dünnsäure in die Nordsee einge-
stellt
Wattenjagd eingestellt
Erste Anlagen zur Ausfällung von Phosphor in Klär-
werken
1990: Herzmuschelfischerei eingestellt
Entsorgung der Ausflugsschiffe in den Häfen
Anerkennung des Wattenmeeres als Biosphären-
Schutzgebiet durch die UNESCO
Der 150 m breite Vorland- und Wattenmeerstreifen an
Deichen, Halligen und Inseln Nordfrieslands ist weiterhin
Naturschutzgebiet und untersteht dem Landrat des Kreises
als Unterer Landschaftspflegebehörde in 2250 Husum und
dem Minister für Natur, Umwelt und Landesentwicklung
in Kiel. Zwischen Deichkrone und Nationalparkgrenze gilt
weiterhin die Verordnung von 1974.

Gesetz zum Schutze des schleswig-holsteinischen Wattenmeeres (Nationalparkgesetz) vom 22. Juli 1985

– Auszug –

Der Landtag hat das folgende Gesetz beschlossen:

§ 1 Einrichtung eines Nationalparks

An der schleswig-holsteinischen Nordseeküste wird entsprechend § 15 des Landschaftspflegegesetzes ein Nationalpark errichtet und nach Maßgabe dieses Gesetzes unter Schutz gestellt. Der Nationalpark trägt den Namen „Schleswig-Holsteinisches Wattenmeer".
Er besteht aus

1. dem eigentlichen Wattenmeer mit den Wattflächen, Rinnen und anderen Unterwasserbereichen;
2. den Vorländereien am Festland sowie an den Inseln Föhr, Pellworm und Nordstrand;
3. den Halligen Habel, Norderoog, Süderoog, Südfall, Helmsand und der Hamburger Hallig;
4. den vom Watt umgebenen Außensänden Uthörn, Japsand, Norderoogsand, Süderoogsand, Blauort und der Strandinsel Trischen;
5. den sonstigen entstandenen oder entstehenden kleinen Inseln sowie
6. den Sandplaten westlich der Halbinsel Eiderstedt.

§ 2 Schutzzweck

(1) Die Errichtung des Nationalparks dient dem Schutz des schleswig-holsteinischen Wattenmeeres und der Bewahrung seiner besonderen Eigenart, Schönheit und Ursprünglichkeit. Seine artenreiche Pflanzen- und Tierwelt ist zu erhalten und der möglichst ungestörte Ablauf der Naturvorgänge zu sichern.

(2) Unzumutbare Beeinträchtigungen der Interessen und herkömmlichen Nutzungen der einheimischen Bevölke-

rung sind zu vermeiden. Jegliche Nutzungsinteressen sind mit dem Schutzzweck im allgemeinen und im Einzelfall gerecht abzuwägen.

(3) Die Maßnahmen des Küstenschutzes einschließlich der Vorlandsicherung und Vorlandgewinnung sowie der Binnenlandentwässerung werden nicht eingeschränkt. Die Schafgräsung bleibt zulässig, soweit sie dem Küstenschutz dient.

§ 3 Grenzen des Nationalparks

(1) Die Grenzen bilden
1. im Norden: die deutsch-dänische Grenze;
2. im Osten: eine Linie im Abstand von 150 m von der seewärtigen Kante der Krone der Landesschutzdeiche an der Festlandküste, von der Mitteltidehochwasserlinie (MThw- Linie) bei Geesthängen und vom Dünenfuß bei Dünen;
3. im Süden: die nördliche Wattkante des Hauptfahrwassers der Elbe, der Medem-Reede, der Neufelder Rinne sowie deren Verbindungslinien;
4. im Westen: die Nord- und Ostküsten der Inseln Sylt und Amrum unter Einbeziehung der Knobsände westlich von Amrum und südlich von Amrum eine auf Scharhörn sowie südlich des Süderoogsandes eine auf den Großen Vogelsand gerichtete Linie;
5. bei den angrenzenden Inseln Sylt und Amrum und um die ausgenommenen Inseln Föhr, Pellworm, Nordstrand und die Halligen Oland, Langeneß, Gröde, Hooge und Nordstrandischmoor eine Linie im Abstand von 150 m von der seewärtigen Kante der Krone der Landesschutzoder Sommerdeiche, vom Böschungsfuß der Deckwerke bei unbedeichten Uferstrecken und von der Abbruchkante oder der MThw-Linie.

(2) Nicht zum Gebiet des Nationalparks gehören die zu den Inseln und Halligen führenden Dämme mit einem beidseitigen 150 m breiten Streifen, die Häfen und die Hafenanlagen sowie diejenigen Hafeneinfahrten, die von Leitdämmen oder Molen ein- oder beidseitig begrenzt sind.

(4) In der diesem Gesetz beigefügten Übersichtskarte ist das Gebiet des Nationalparks schwarz schraffiert dargestellt.

§ 4 Schutzzonen

(1) Der Nationalpark wird in folgende Zonen eingeteilt:
Zone 1: die in den Karten zu diesem Gesetz als Zone 1

dargestellten Flächen mit den wichtigsten Seehundbänken, Brut-, Nahrungs- und Mauserplätzen der Vögel sowie den geomorphologisch bedeutsamen Außensänden und Salzwiesen mit Ausnahme der in den Karten dargestellten Fahrwasser.

Zone 2: die nicht in der Zone 1 liegenden Salzwiesen sowie die wegen ihrer besonderen Eigenart und Ursprünglichkeit oder des Artenreichtums der dortigen Pflanzen- und Tierwelt oder zur zusätzlichen Sicherung der Zone 1 eines intensivierten Schutzes bedürfenden Flächen; Zone 3: alle übrigen, nicht in der Zone 1 und 2 liegenden Flächen; hierzu gehört das in § 6 Abs. 4 Nr. 2 genannte Gebiet. (2) Der Minister kann durch Verordnung im Einvernehmen mit den Kuratorien die Zonen 2 und 3 räumlich festlegen. . . .

§ 5 Schutzbestimmungen

(1) Im Nationalpark sind, soweit in diesem Gesetz oder in den aufgrund dieses Gesetzes erlassenen Verordnungen Maßnahmen und Nutzungen nicht zugelassen sind, alle Handlungen nicht zulässig, die zu einer Zerstörung, Beschädigung oder Veränderung des Schutzgebiets oder seiner Bestandteile oder einer nachhaltigen Störung führen können. Insbesondere ist es nicht zulässig,
1. Eingriffe im Sinne des § 7 Abs. 1 des Landschaftspflegegesetzes, Sprengungen oder Bohrungen vorzunehmen;
2. die Lebens- und Zufluchtstätten der Tiere oder die Standorte der Pflanzen zu beseitigen oder zu verändern;
3. Pflanzen oder Pflanzenbestandteile zu entnehmen;
4. wildlebenden Tieren nachzustellen, sie durch Lärm oder anderweitig zu beunruhigen, sie zu verletzen, zu töten oder sie, ihre Eier oder ihre sonstigen Entwicklungsformen zu beschädigen oder an sich zu nehmen;
5. Pflanzen standortfremder Arten einzubringen oder Tiere solcher Arten auszusetzen, die im Nationalpark nicht ihren Lebensraum haben;
6. Zelte oder sonstige bewegliche Unterkünfte aufzustellen sowie Sachen aller Art zu lagern;
7. die Land- und Wasserflächen mit Luftkissen- oder Amphibienfahrzeugen zu befahren.
(2) Darüber hinaus ist es nicht zulässig, die Zone 1 und die mit Verbotshinweisen gekennzeichneten Flächen der Zone 2 zu betreten oder mit landgängigen Fahrzeugen zu befahren. Ausgenommen sind die Eigentümer und Nutzungsbe-

rechtigten sowie deren Beauftragte und Personen, die von den zuständigen Behörden ermächtigt worden sind. Die zur Erreichung des Schutzzweckes erforderlichen Verbote nach Satz 1 in der Zone 2 und die Art der Kennzeichnung bestimmt das Landesamt.

§ 6 Zulässige Maßnahmen und Nutzungen

(1) In dem Nationalpark bleiben neben den Maßnahmen und Nutzungen nach § 2 Abs. 3 zulässig die

1. Maßnahmen zur Versorgung und Entsorgung der Inseln und Halligen;
2. Maßnahmen zur Abwehr einer unmittelbar drohenden Gefahr für das Leben und die Gesundheit von Menschen;
3. gesetzlichen Aufgaben der Wasser- und Schiffahrtsverwaltung des Bundes sowie die Maßnahmen der Unfallbekämpfung einschließlich des Seenotrettungswesens und des Katastrophenschutzes;
4. Maßnahmen der Deutschen Bundespost zur Post- und Fernmeldeversorgung;
5. Schutz-, Pflege- und Entwicklungsmaßnahmen des Landesamtes und die von ihm zugelassenen Forschungsarbeiten;
6. Nutzung und Unterhaltung rechtmäßig errichteter baulicher Anlagen.

(2) In der Zone 2 ist über die Maßnahmen und Nutzungen nach den Absätzen 1 und 2 hinaus zulässig die

1. Fischerei und Beweidung;
2. Ausübung der Jagd im Rahmen der Anordnungen und Genehmigungen des Ministers;
3. ordnungsgemäße Unterhaltung der bei Inkrafttreten dieses Gesetzes bestehenden Straßen und Wege;
4. Errichtung von baulichen Anlagen für den Badebetrieb.

(4) In der Zone 3 sind über die Maßnahmen und Nutzungen nach den Absätzen 1 bis 3 hinaus zulässig die

1. Maßnahmen zum Bau und zur Unterhaltung von Häfen einschließlich der damit räumlich zusammenhängenden Ablagerung von Baggergut;
2. Erdölförderung ausschließlich im Gebiet der Mittelplate und des Hakensandes südlich Trischen; sie bedarf der Genehmigung des Ministers;
3. Sand- und Kiesfischerei mit Genehmigung des Landesamtes;
4. Entnahme von Schlick, Sole und Seewasser für den per-

sönlichen Bedarf und für Kurzwecke in Fremdenverkehrseinrichtungen in den Kreisen Nordfriesland und Dithmarschen. Eine darüber hinausgehende Entnahme bedarf der Genehmigung des Landesamtes.

§ 7 Ausführungsverordnung

Der Minister kann im Benehmen mit den Kuratorien durch Verordnung
1. weitere Maßnahmen und Nutzungen in den Zonen 2 und 3 für die Erholung sowie für den Fremdenverkehr und andere wirtschaftliche Zwecke generell oder regional begrenzt zulassen, soweit dies mit dem Schutzzweck zu vereinbaren ist und sonstige Belange des Naturschutzes und der Landschaftspflege nicht entgegenstehen;

§ 8 Landesamt

(1) Das Landesamt für den Nationalpark „Schleswig-Holsteinisches Wattenmeer" wird als Landesoberbehörde mit dem Sitz in Tönning errichtet.
(2) Das Landesamt ist für die Durchführung dieses Gesetzes und der aufgrund dieses Gesetzes erlassenen Verordnungen zuständig, soweit in diesem Gesetz nicht anders bestimmt ist. Abweichend von § 49 Abs. 1 und § 51 Abs. 1 des Landschaftspflegegesetzes ist für das Gebiet des Nationalparks das Landesamt zuständig. Es hat nach pflichtgemäßen Ermessen die zur Durchführung und Einhaltung dieser Vorschriften notwendigen Maßnahmen zu treffen.
(3) Das Landesamt kann sich zur Durchführung bestimmter Aufgaben der Ämter für Land- und Wasserwirtschaft in Husum und Heide bedienen. Das Landesamt hat über § 4 des Landschaftspflegegesetzes hinaus mit den Landschaftspflegebehörden der Kreise Nordfriesland und Dithmarschen eng zusammenzuarbeiten.

§ 9 Kuratorien

(1) Beim Landesamt wird für die den Kreisen Nordfriesland und Dithmarschen zugehörigen und vorgelagerten Gebiete des schleswig-holsteinischen Wattenmeeres je ein Kuratorium errichtet. Die Grenze zwischen den Gebieten der beiden Kuratorien ist die Mitte des Hauptfahrwassers in der Eidermündung. Jedes Kuratorium besteht aus folgenden Mitgliedern:
    1. dem Landrat als Vorsitzenden;
    2. zwei von dem Kreistag zu bestimmenden Personen;

3. fünf Personen aus den Gemeinden, deren Gebiete an das Nationalparkgebiet angrenzen; sie sind von dem Kreisverband des Schleswig-Holsteinischen Gemeindetages im Benehmen mit den kreisangehörigen Städten zu benennen;
4. einem Vertreter der Wasser- und Bodenverbände des Kreises, der vom Marschenverband Schleswig-Holstein benannt wird;
5. dem Landesbeauftragten für Naturschutz und Landschaftspflege;
6. einem Kreisbeauftragten für Naturschutz und Landschaftspflege, der von der unteren Landschaftspflegebehörde zu benennen ist;
7. zwei Wissenschaftlern, die vom Minister bestellt werden;
8. einer vom Landesnaturschutzverband Schleswig-Holstein e.V. zu benennenden Person;
9. je einem Vertreter des Fremdenverkehrs, des Sports, der Landwirtschaft und der Fischerei, die vom Nordseebäderverband Schleswig-Holstein e.V., dem Kreissportverband e.V. und den Berufsverbänden zu benennen sind;
10. je einem im Kreisgebiet ansässigen Vertreter der gewerblichen Wirtschaft und der Gewerkschaften, die vom Minister bestellt werden;
11. zwei Vertretern von betreuenden Naturschutzvereinen, die vom Minister bestellt werden.

Der Bundesminister für Ernährung, Landwirtschaft und Forsten und der Bundesminister für Verkehr können je ein Mitglied in die Kuratorien entsenden.

(2) Der Minister kann durch Verordnung das Nähere über Berufung, Amtsdauer und Entschädigung der Mitglieder der Kuratorien sowie die Grundzüge der Geschäftsordnung regeln.

(3) Die Kuratorien haben neben der Mitwirkung an dem Erlaß der Verordnungen nach § 4 Abs. 2 und § 7 das Landesamt zu beraten.

Das Landesamt hat über Grundsatzfragen und langfristige Planungen im Einvernehmen mit den Kuratorien zu entscheiden; § 4 Abs. 2 gilt entsprechend. Ausgenommen sind solche Maßnahmen, die keinen Aufschub dulden. Soweit ein Einvernehmen nicht hergestellt werden kann, entscheidet der Minister.

§ 10 Entschädigung, Härteausgleich

(1) Zur Leistung der Entschädigung ist das Land verpflichtet.

§ 11 Ordnungswidrigkeiten

(1) Ordnungswidrig handelt, wer vorsätzlich oder fahrlässig
1. Sprengungen oder Bohrungen vornimmt;
2. die Lebens- und Zufluchtstätten der Tiere oder die Standorte der Pflanzen beseitigt oder verändert;
3. Pflanzen oder Pflanzenbestandteile entnimmt;
4. wildlebenden Tieren nachstellt, sie durch Lärm oder anderweitig beunruhigt, sie verletzt oder tötet oder ihre Eier oder ihre sonstigen Entwicklungsformen beschädigt oder an sich nimmt;
5. Pflanzen standortfremder Arten einbringt oder Tiere solcher Arten aussetzt, die im Nationalpark nicht ihren Lebensraum haben;
6. Zelte oder sonstige bewegliche Unterkünfte aufstellt sowie Sachen aller Art lagert;
7. die Land- und Wasserflächen mit Luftkissen- oder Amphibienfahrzeugen befährt;
8. die Zone 1 und die mit Verbotshinweisen gekennzeichneten Gebiete der Zone 2 betritt oder mit Fahrzeugen befährt.

(2) Die Ordnungswidrigkeit kann in den Fällen
1. des Absatzes 1 Nr. 1 mit einer Geldbuße bis zu einhunderttausend Deutsche Mark,
2. des Absatzes 1 Nr. 2 bis 8 mit einer Geldbuße bis zu zehntausend Deutsche Mark geahndet werden.

§ 12 Änderung des Landschaftspflegegesetzes

§ 13 Inkrafttreten

(1) Dieses Gesetz tritt am 1. Oktober 1985 in Kraft.
(2) Die Betreuungsverhältnisse für die im Gebiet des Nationalparks bestehenden Schutzgebiete enden mit dem Inkrafttreten der Verordnungen nach § 4 Abs.2 Satz 1 oder 4.

Nationalparkamt aufgebaut

Die Nationalparks sind nach Boden und Klima, Entstehung und Ausstattung sehr verschieden geartet. Es war deshalb den Angehörigen des Nationalparkamts kaum möglich, Strukturen und Erfahrungen anderer Ämter zu übernehmen. Es mußte in einer Baracke am Tönninger Hafen für den 2850 qkm großen Nationalpark aus dem Nichts das *Landesamt für den Nationalpark „Schleswig-Holsteinisches Wattenmeer"* aufgebaut werden.

Mit 26 Planstellen versehen, gliedert sich das durch Direktor Friedrich Heddies Andresen geleitete Amt in die Dezernate Organisation / Innerer Dienst, Rechtsangelegenheiten, Landschaftspflege / Wirtschaftliche Nutzungen, Öffentlichkeitsarbeit / Informationsdienst und Forschung.

Die Aufgaben der *Landesoberbehörde* sind im Nationalparkgesetz festgelegt. Sie gehört zum Geschäftsbereich des Ministers für Natur, Umwelt und Landesentwicklung.

In den ersten sechs Jahren arbeitete das Nationalparkamt an folgenden *Schwerpunktaufgaben*: Verwaltungskonzept – Schutz- und Forschungskonzepte – Bildungs- und Informationskonzepte – Zusammenarbeit mit den Kuratorien – Kontakte zu benachbarten Nationalparkverwaltungen – Wattführertreffen / Wattführerverordnung – Gespräche in den Arbeitskreisen (Jagd, Beweidung, Fischerei) – Beweidungskonzept – Aufbau der Bezirks-Informationszentren Wyk/Föhr, Büsum, Friedrichskoog und Nordstrand – Bestellung von Nationalparkwarten – Öffentliche Veranstaltungen – Pressemitteilungen – Beitritt zum Ramsar-Abkommen – Ausweisung als Biosphären-Schutzgebiet – Gespräche zur Befahrensregelung – Teilnahme an nationalen und internationalen Schutzkonferenzen – Maßnahmen während des Seehundsterbens – Gutachten zur Seehundaufzucht – Verwendung von Spendengeldern – Verhandlungen über Tiefflüge und Erprobungsschießen – Kooperationsverträge mit Fremdenverkehrsverbänden – Einstellen von Halligführern – Entwickeln von Informationsmaterial für Ausflügler und Urlauber – Betreuen von in- und ausländischen Gästen, Wissenschaftlern – Koordination der Naturschutzforschung – Leitung des Ökosystem-Forschungsprojekts – Erarbeitung ökologischer Qualitätsziele.

Information

Den 285 000 ha Wattenmeer des Nationalparks sind Interesse und Sympathie sicher. Die Grundstrukturen wiederholen sich, Pflanzen- und Tierwelt z. B. sind unterschiedlich zusammengesetzt. Um dem Informationsbedürfnis nachzukommen, müssen viele Zentren mit überregional und regional ausgerichteter Information angeboten werden. In den sieben Bezirken wird das Nationalparkamt nach Abschluß des Aufbaus durch Informationszentren vor Ort präsent sein. Eingebunden in dieses geographisch ausgerichtete und von den Brennpunkten des Fremdenverkehrs mitbestimmte Netz werden auch die bisher im Wattenmeer tätigen Einrichtungen mehrerer Naturschutzorganisationen sowie Gemeinden, Vereine und Verbände. Ein wesentliches Ziel ist, die einheimische Bevölkerung für eine Mitarbeit zu gewinnen.

Zur Zeit bestehen *Informationszentren* des Nationalparks in Wyk/Föhr, Büsum, Nordstrand und Friedrichskoog sowie als Ortszentren Braderup/Sylt, Norddorf/Amrum, Rixwarft/Langeneß, Westerhever und Meldorfer Bucht. In anschaulicher Form wird Wissen über die Wattnatur vermittelt, wird die Schönheit und die Gefährdung des Wattenmeeres nahegebracht. Anfassen ist erwünscht. Vorträge, Naturbasteln, Naturbeobachtungen und die beliebten Wattwanderungen ergänzen die Programme. Sie sollen die Gäste der Region von der Notwendigkeit des Naturschutzes überzeugen. Informierte Gäste schaden der Natur seltener, wo ihr sonst viele aus Unkenntnis Schäden zufügen. *Ein Besuch der Zentren und ihrer Veranstaltungen ist immer zu empfehlen.*

Weitere *Bezirks- und Ortszentren* sowie *Informationsstellen* sind flächendeckend in Vorbereitung oder geplant. In den Bezirkszentren sind hauptberufliche Kräfte des Nationalparkamts tätig. Die Ortszentren werden nebenberuflich von Angehörigen der Kommunen und Verbände betreut. Die Informationsstellen in bereits vorhandenen Einrichtungen (Museen, Naturzentren usw.) vermitteln Grundinformationen. Das Informationsnetz soll eines Tages von einem Nationalparkhaus betreut werden.

Einheitlicher Hinweis auf alle Einrichtungen des Nationalparks ist die weiße Doppelwelle auf blauem Grund. Das *Signet* wurde in einem Wettbewerb aus 68 Vorschlägen ausgewählt. Es gibt typische Grundstrukturen des Watts (Priele) wieder und symbolisiert Raum und Weite.

Mit der Zonierung hat auch dieser Nationalpark die existenzielle Aufgabe der *Lenkung* übernommen. 80 % der Seehundsbänke, die wertvollsten Mauserplätze und wichtige Brutvogelbereiche liegen in der Zone 1 unter strengstem Schutz und dürfen nicht betreten werden. Es wird in allen Bereichen des Nationalparks, der nach dem deutschen Naturschutzrecht den *höchsten Schutzstatus* genießt, versucht, sensible Zonen zu entlasten und den Besucherstrom durch attraktive Angebote in weniger empfindliche Bereiche zu lenken. *Naturerlebnisräume* werden in Zukunft in dieser erlebnisintensiven Landschaft vielen aufgeschlossenen Schülern und Studenten, Ausflüglern und Urlaubern, Laien und Wissenschaftlern, Lehrern und Naturpädagogen hervorragende Möglichkeiten zu Realerkundung, Freilandbiologie und Unterricht vor Ort, zum ganzheitlichen Erleben von Natur bieten.

Der Nationalpark ist eine Einrichtung für den Naturschutz, die Forschung und die naturgerechte Erholung. Mindestens ebenso bedeutsam aber ist die *Öffentlichkeitsarbeit.* Je mehr Menschen die Natur erleben, desto mehr werden sie sie aktiv schützen. Handlungsbetont, praxisorientiert und problembezogen werden die Veranstaltungen auch den nicht leicht zu gewinnenden Jugendlichen bleibende Erlebnisse vermitteln. Das Wattenmeer ist für die Erlebnispädagogik, für das Erleben mit Kopf, Herz und Hand geradezu ideal geeignet, weil es sehr naturnah ist, Pflanzen und Tiere hautnah erleben läßt, mit relativ wenigen Arten überschaubar ist, schnell ökologische Zusammenhänge erkennen läßt, praktisches Tun ermöglicht und jung und alt hervorragend motiviert. Wie dafür geschaffen, ist die Wunderwelt Nordsee eine Natur zum Anfassen, geeignet Verborgenes zu entdecken, Erholen mit Kennenlernen von Land und Leuten zu verbinden. Natur kann nur in der Natur erlebt werden. Und wer das Wattenmeer exemplarisch erlebt hat, wird unbewußt Erlebnisse und Erkenntnisse von hier in andere Landschaften tragen.

Informationen und Vorträge

I = Informationszentrum, Naturzentrum, Museum, Ausstellung . . ., B = Bezirkszentrum, O = Ortszentrum des Nationalparks, V = Natur- und landschaftskundliche Vorträge, A = Aquarium, S = Seehundstation

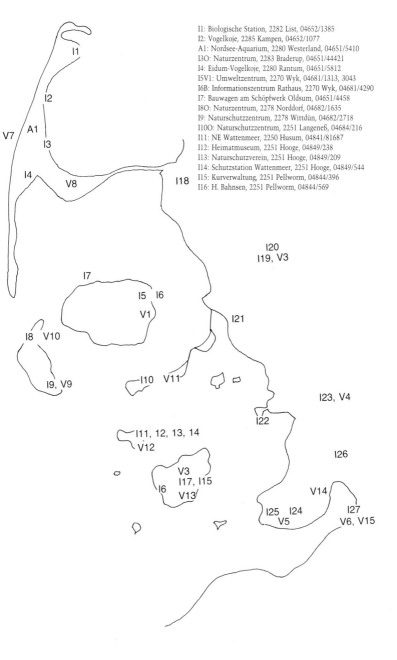

I1: Biologische Station, 2282 List, 04652/1385
I2: Vogelkoje, 2285 Kampen, 04652/1077
A1: Nordsee-Aquarium, 2280 Westerland, 04651/5410
I3O: Naturzentrum, 2283 Braderup, 04651/44421
I4: Eidum-Vogelkoje, 2280 Rantum, 04651/5812
I5V1: Umweltzentrum, 2270 Wyk, 04681/1313, 3043
I6B: Informationszentrum Rathaus, 2270 Wyk, 04681/4290
I7: Bauwagen am Schöpfwerk Oldsum, 04651/4458
I8O: Naturzentrum, 2278 Norddorf, 04682/1635
I9: Naturschutzzentrum, 2278 Wittdün, 04682/2718
I10O: Naturschutzzentrum, 2251 Langeneß, 04684/216
I11: NE Wattenmeer, 2250 Husum, 04841/81687
I12: Heimatmuseum, 2251 Hooge, 04849/238
I13: Naturschutzverein, 2251 Hooge, 04849/209
I14: Schutzstation Wattenmeer, 2251 Hooge, 04849/544
I15: Kurverwaltung, 2251 Pellworm, 04844/396
I16: H. Bahnsen, 2251 Pellworm, 04844/569

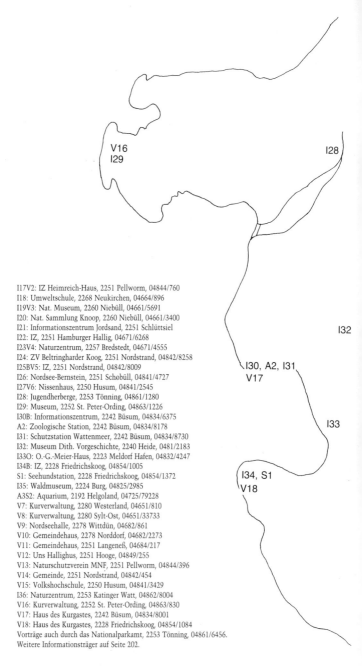

V16
I29

I28

I32

I30, A2, I31
V17

I33

I34, S1
V18

I17V2: IZ Heimreich-Haus, 2251 Pellworm, 04844/760
I18: Umweltschule, 2268 Neukirchen, 04664/896
I19V3: Nat. Museum, 2260 Niebüll, 04661/5691
I20: Nat. Sammlung Knoop, 2260 Niebüll, 04661/3400
I21: Informationszentrum Jordsand, 2251 Schlüttsiel
I22: IZ, 2251 Hamburger Hallig, 04671/6268
I23V4: Naturzentrum, 2257 Bredstedt, 04671/4555
I24: ZV Beltringharder Koog, 2251 Nordstrand, 04842/8258
I25BV5: IZ, 2251 Nordstrand, 04842/8009
I26: Nordsee-Bernstein, 2251 Schobüll, 04841/4727
I27V6: Nissenhaus, 2250 Husum, 04841/2545
I28: Jugendherberge, 2253 Tönning, 04861/1280
I29: Museum, 2252 St. Peter-Ording, 04863/1226
I30B: Informationszentrum, 2242 Büsum, 04834/6375
A2: Zoologische Station, 2242 Büsum, 04834/8178
I31: Schutzstation Wattenmeer, 2242 Büsum, 04834/8730
I32: Museum Dith. Vorgeschichte, 2240 Heide, 0481/2183
I33O: O.-G.-Meier-Haus, 2223 Meldorf Hafen, 04832/4247
I34B: IZ, 2228 Friedrichskoog, 04854/1005
S1: Seehundstation, 2228 Friedrichskoog, 04854/1372
I35: Waldmuseum, 2224 Burg, 04825/2985
A3S2: Aquarium, 2192 Helgoland, 04725/79228
V7: Kurverwaltung, 2280 Westerland, 04651/810
V8: Kurverwaltung, 2280 Sylt-Ost, 04651/33733
V9: Nordseehalle, 2278 Wittdün, 04682/861
V10: Gemeindehaus, 2278 Norddorf, 04682/2273
V11: Gemeindehaus, 2251 Langeneß, 04684/217
V12: Uns Hallighus, 2251 Hooge, 04849/255
V13: Naturschutzverein MNF, 2251 Pellworm, 04844/396
V14: Gemeinde, 2251 Nordstrand, 04842/454
V15: Volkshochschule, 2250 Husum, 04841/3429
I36: Naturzentrum, 2253 Katinger Watt, 04862/8004
V16: Kurverwaltung, 2252 St. Peter-Ording, 04863/830
V17: Haus des Kurgastes, 2242 Büsum, 04834/8001
V18: Haus des Kurgastes, 2228 Friedrichskoog, 04854/1084
Vorträge auch durch das Nationalparkamt, 2253 Tönning, 04861/6456.
Weitere Informationsträger auf Seite 202.

194

Naturgerechtes Fotografieren

Welche Kamera eignet sich für das Fotografieren im Nationalpark am besten? An sich jede. Wer gern in einer naturnahen Landschaft mit ihrer Fülle von lohnenden Motiven nicht nur Andenkenfotos machen möchte, wird sich früher oder später für eine *einäugige Kleinbild-Spiegelreflexkamera mit Wechselobjektiven* entscheiden. Sie bietet ein sicheres Sucherbild, mißt die Belichtung durch das Objektiv, arbeitet halb- oder vollautomatisch und hat kurze Verschlußzeiten. Die Kameras enthalten immer mehr Technik. Belichtungsautomatik und Motorbetrieb können mithelfen, „einmalige" Gelegenheiten festzuhalten, kreativ und sicherer zu fotografieren. Programm-Kameras nehmen vieles an Überlegen und Einstellen ab, rechnen und „denken" sogar. Die Industrie bietet heute erstaunlich leistungsfähige Geräte an. Entscheidend aber ist für das Ergebnis des Fotografierens, was an Ideen, Einfühlungsvermögen und Erfahrung eingebracht wurde.

In der *Kleinbildfotografie* ist das 50-mm-Objektiv das Normal-Objektiv. Für die Landschaftsfotografie ist ein Weitwinkelobjektiv mit kürzerer Brennweite ebenso vorteilhaft wie ein kurzes Tele. Eine gewissenhaft betriebene Tier-, vor allem die Vogelfotografie, ist nur mit einem Teleobjektiv langer Brennweite denkbar. Ein Makro-Objektiv gibt Kleines groß wieder. Für manche Kameras gibt es für Nahaufnahmen preiswerte Zwischenringe. Ein Balgengerät ermöglicht eine stufenlose Verlängerung des Objektivauszuges. Ein Stativ erlaubt lange Belichtungszeiten für einen großen Tiefenschärfebereich. Ein UV-Filter schont das teure Objektiv und vermeidet den gefürchteten Blaustich. Unentbehrlich ist an der See eine Gegenlichtblende. Fotos für das Familienalbum macht man auf Negativ-, Aufnahmen für den obligatorischen Nordsee-Abend auf Dia-Film. Dann können aussagekräftige Aufnahmen zu einer nachhaltigen Werbung für Natur und Naturschutz werden.

Sand zwischen den Zähnen soll (bei Hühnern) die Verdauung fördern, für die Kamera ist er Gift. Seewasser ist überaus heilsam, für das Objektiv gefährlich. Die Fotoausrüstung sollte man nicht in der prallen Sonne liegen lassen.

Bei *Landschaftsaufnahmen* ist zu beachten, daß
- der Horizont waagerecht liegt,
- bei sich bewegenden Motiven mit 1/250 Sek. belichtet wird,
- man zwischen 8 und 11 sowie 15 und 18 Uhr fotografiert,
- die Sonne möglichst von der Seite scheint,
- Diagonalen die Raumwirkung verbessern,
- eingebaute Spiegelungen das Watt sehr beleben,
- ein betonter Vordergrund Tiefe in die Aufnahme bringt,
- das Weitwinkelobjektiv den Vordergrund groß abbildet,
- das Teleobjektiv eintönige Flächen rafft,
- ruhige Motive das Querformat verlangen,
- der Horizont bei wolkenlosem Himmel in das obere, bei kräftigen Wolken in das untere Drittel gelegt wird,
- Gegenlichtaufnahmen oft besonders eindrucksvoll sind,
- sich Nahaufnahmen von Pflanzen und Kleintieren lohnen,
- auch bei Regen und Sturm fotografiert werden sollte,
- durch Objektivwechsel die Landschaft gestaltet werden kann,
- Nachtaufnahmen in der späten Dämmerung gemacht und
- Sonnenuntergänge betont kurz belichtet werden.

Zur *Tierfotografie* gehören zunächst eine wetterfeste, unauffällige Kleidung, Teleobjektive, ein traumwandlerischer Umgang mit der Kamera und ihrem Zubehör und gute Kenntnisse über Arten und Lebensgewohnheiten der Tiere, nicht zuletzt viel Geduld. Das Fotografieren ist zwischen eben sichtbaren Kleinkrebsen und zentnerschweren Seehunden ungemein vielfältig. Fotos von Seehunden holen wir uns am besten in Aufzuchtstationen und Schauaquarien. Zum Festhalten der Robben auf den Sandbänken muß man schon ein langes Schnellschuß-Objektiv mit einer Brennweite von 400 und/oder 600 mm besitzen. Das ist auch die Voraussetzung für gute Vogelfotos aus dem Auto heraus. Mit jeder Kamera gelingen gute Möwenfotos vom Schiff aus. Sie kosten nur eine Packung Kekse, die ein Mitarbeiter in immer wiederkehrender Weise und hohem Bogen ins Wasser wirft.

Nach dem *Bundesnaturschutzgesetz* ist es verboten, wildlebende Tiere der vom Aussterben bedrohten Arten an ihren Nist-, Brut- oder Zufluchtstätten durch Aufsuchen, Fotografieren oder ähnliche Handlungen zu stören.

Bitte beachten Sie, daß Sie in einem Schutzgebiet sind!

Nationalpark-Abc

Abbruchkante:	unbefestigtes Vorland-/Halligufer
abiotisch:	nicht lebend (Boden, Wasser...)
ablaufendes Wasser:	Ebbe
Algen:	blütenlose Pflanzen (Grün-, Braunalgen)
Alluvium:	Nacheiszeit (20 000 Jahre)
amphibisch:	im Wasser und an Land lebend
Andel:	salzverträgliches, rasenbildendes Gras
Auflandung:	Höherwerden des Vorlandes und der Halligen durch Schlickfall
auflaufendes Wasser:	Flut
Außensände:	große Sandbänke im westlichen Wattenmeer
Backbord:	in Fahrtrichtung linke Schiffsseite
Bake:	hohes Holzbauwerk als Seezeichen
Bernstein:	versteinertes, etwa 40 Mill. Jahre altes Harz
Biomasse:	Gesamtproduktion (Pflanzen und Tiere)
biotisch:	durch Lebewesen bewirkt
Biotop:	Lebensraum einer Pflanzen-/Tiergesellschaft
blank:	unter Wasser stehend
Blanker Hans:	Mythengestalt, die die Nordsee (bei Sturm) verkörpert
Brackwasser:	Gemisch aus Süß- und Salzwasser
Brandung:	Wellenschlag bei Wind und Sturm
Buhne:	Küstenschutzwerk gegen Parallelströmung
Darg:	Brackwassertorf
Detritus:	Zerreibsel aus Resten von Pflanzen und Tieren
Diatomeen:	Kieselalgen, Kleinalgen mit Schalen aus Kieselsäure
Diluvium:	Eiszeit (1 000 000 bis 20 000 v. Chr.)
Düne:	vom Wind aufgewehter Sand
Ebbe:	ablaufendes Wasser
Erosion:	Abtragung des Bodens

Eulitoral:	Watt zwischen Hoch- und Niedrigwasserlinie
Eutrophierung:	Anreicherung von Nährstoffen
Fähre:	Wasserfahrzeug für den Personen- und Frachtverkehr
Fahrwasser:	durch Seezeichen gekennzeichnete Wasserstraße
Faschine:	Reisigbündel zum Bau von Lahnungen
Fauna:	Tierwelt
Fething:	Erdgrube zum Sammeln von Regenwasser für das Vieh
Filtrierer:	Nahrungswasser aufnehmende Muscheln
Flora:	Pflanzenwelt
Flut:	auflaufendes Wasser
Flutmarke:	Spülsaumband, das den höchsten Wasserstand anzeigt
Gammel:	Beifang (unbrauchbarer Teil des Netzinhalts)
Gezeiten:	Ebbe und Flut
Geschiebe:	durch Eis transportiertes Material
Grüppe:	künstlich ausgehobener Entwässerungsgraben
Hallig:	unregelmäßig überflutete Marschinsel
Halophyten:	Pflanzen salzhaltiger Böden
Heuler:	junger Seehund
Hochwasser:	höchster Wasserstand
Immunschwäche:	herabgesetzte Abwehrkräfte
Kentern:	Wechsel von Flut und Ebbe
Klabautermann:	Sagengestalt, guter Geist eines Schiffes
Klei:	junger Boden aus Sinkstoffen
Konsumenten:	verzehren Pflanzen oder Tiere
Krabbe:	oft gebrauchte Bezeichnung für Garnele
Kulturspuren:	Reste früherer Siedlungen
Kutter:	kleiner Zweimaster der Küstenfischerei
Lahnung:	mit Faschinen verfüllte Doppelpfahlreihe
Landmarke:	gut zu erkennendes Seezeichen
Landunter:	Überflutung einer Hallig

Lee:	windabgewandte Seite
Leuchtturm:	feststehendes Seezeichen, meist mit Leuchtfeuer
Limicolen:	Watvögel (limus = Sumpf, colere = bewohnen)
Litoral:	der vom Licht erreichte Teil des Meeresbodens
Luv:	dem Wind zugewandte Seite
Marsch:	nacheiszeitliche Ablagerung
mäandrieren:	Schlingen bildend
Makrofauna:	Tiere über 1 mm Größe
Moräne:	durch Gletscher abgelagertes Material
MTHw:	mittlere Tidehochwasser-Linie
MTNw:	mittlere Tideniedrigwasser-Linie
Nahrungskette:	Verbindung von Produzenten und Konsumenten
Nahrungsnetz:	Verbund von Nahrungsketten
Nationalpark:	Naturschutzgebiet mit eigener Verwaltung, das Schutz, Lehre, Forschung und Erholung dient
Natur:	nicht vom Menschen geschaffene Teile des Kosmos
Naturschutzgebiet:	gesetzlich geschützte Fläche, die in ihrer Gesamtheit geschützt ist
Nebelhorn:	Schallgerät, das bei Nebel warnt
Niedrigwasser:	niedrigster Wasserstand
Nipptide:	geringerer Tidenhub nach erstem und letztem Mondviertel
Nippflut:	niedrigere Flut bei Nipptide
NN:	Normal Null, langjähriges Wasserstandsmittel bei Amsterdam
Ökologie:	Lehre von den Wechselwirkungen zwischen den Substanzen und Organismen im Naturhaushalt
Ökosystem:	Zusammenwirkendes System von Lebensraum und Lebensgemeinschaft
Orkanflut:	schwerer Sturm mit mehr als 3 m Wasser über dem mittleren Hochwasserstand
Pegel:	Gerät zum Feststellen des Wasserstandes

Pipettierer:	Muscheln, die sich die Nahrung von der Wattoberfläche saugen
Plankton:	von Strömungen transportierte Organismen
Priel:	wasserführende, bach- oder flußartige Vertiefung im Watt
Pricke:	Seezeichen (Birke, Stange)
Produzenten:	erzeugen organische Stoffe / Pflanzen
Regression:	Zurückweichen des Meeres
Reet:	zum Dachdecken geschnittenes Schilf
Rettungsbake:	Bake mit Rettungseinrichtungen
Reusenfänger:	Krebse und Würmer, die die Nahrung mit Hilfe von Reusen dem Wasser entnehmen
Rippel:	wellenförmige Sandfurchen
Salzwasser:	Wasser mit Kochsalz und fast allen Grundelementen
Sandbank:	durch Strömung aufgebaute Sanderhebung
Sandfresser:	Würmer und Krebse, die sich von Humus im Sand ernähren
Schill:	Anhäufung von Muschelschalen und ihren Resten
Schlick:	feinste Ablagerungen (Sedimente)
Schlickwatt:	aus Schlick bestehendes Watt
Sediment:	auf dem Boden abgelagerte Partikel
Sedimentation:	Ablagerung von Sinkstoffen
Seekarte:	amtliche Karte für den Schiffsverkehr
Seemeile:	1852 m
Seezeichen:	Hinweis auf das Fahrwasser
Springflut:	höhere Flut nach Mondwechsel
Springtide:	größerer Tidenhub nach Mondwechsel
Spülsaum:	Treibselwall (s. Flutmarke)
Steuerbord:	in Fahrtrichtung rechte Schiffseite
Sturmflut:	Sturm/Orkan aus West mit hohen Wasserständen
Sturmflutschichtung:	abwechselnde Lagen von Klei, Sand und Schill im Vorland- und Halligprofil
Sublitoral:	auch bei NW unter Wasser

Sukzession:	Aufeinanderfolge von Lebensgemeinschaften
Teek:	Spülsaum
Tide:	1 Ebbe und 1 Flut / Gezeit
Tidenhub:	Differenz zwischen Hoch- und Niedrigwasser
Tonne:	schwimmendes, am Boden verankertes Seezeichen
Treibeis:	driftende Eisschollen
Treibsel:	ans Ufer geworfene Dinge, bilden Treibselwall
Vegetation:	Pflanzengesellschaft eines Gebietes
Verlandung:	Einebnen von Untiefen durch Schlickfall und Bewuchs
Vorland:	Grünland zwischen Deich und Abbruchkante
Warft:	künstlich errichteter Wohnhügel aus Klei (Sand)
Watt:	bei Niedrigwasser trockenfallender Bereich zwischen Deich und offener See
Wattenmeer:	Gesamtbereich zwischen Festland und Nordsee
Welle:	durch Wind aufgebaute Wasserschwingung
Weidegänger:	Schnecken, die die Nahrung vom Boden abnehmen
Windgeschwindigkeit:	Windstärke 1 bis 12
Wrack:	gesunkenes Fahrzeug

Ein umfangreiches Angebot an Broschüren, Merk- und Faltblättern halten die im Naturschutz und in der Landschaftspflege tätigen Vereine und Organisationen, der Minister für Natur, Umwelt und Landesentwicklung des Landes Schleswig-Holstein in 2300 Kiel, Landeshaus, und das Landesamt für Naturschutz und Landschaftspflege, Hansaring 1, 2300 Kiel 14, bereit.

Stichwortverzeichnis

164 ff – Watvögel: 132 ff – Wetterbericht: 87 – Wind: 86 –
Wintergäste: 140 ff – Wirbellose: 29 – Würmer: 102 ff
– Zonierung: 91 – Zukunft: 78 ff

**Behörden und Naturschutzorganisationen vermitteln
Informationen**

Minister für Natur, Umwelt und Landesentwicklung,
2300 Kiel, 0431/2190
Landesamt für den Nationalpark, 2253 Tönning,
04861/6456
Kreisverwaltung Dithmarschen, 2240 Heide, 0481/970
Kreisverwaltung Nordfriesland, 2250 Husum, 04841/670
Amt für Land- und Wasserwirtschaft, 2250 Husum,
04841/6670
Wasser- und Schiffahrtsamt, 2253 Tönning, 04861/6150
Ämter und Gemeinden der Westküste

Naturschutzgemeinschaft Sylt, 2283 Wenningstedt,
04651/44421
Naturschutzbund Deutschland, 2210 Oelixdorf,
04821/91686
Naturschutzverein Eiderstedt, 2256 Welt, 04862/1623
Naturschutzverein Mittl. Nordfriesland, 2250 Husum,
04841/71550
Naturschutzverein Uthlande, 2251 Halebüll, 04846/6573
Naturschutzverein Wiedingharde, 2268 Neukirchen,
04664/896
Ornithologische Arbeitsgemeinschaft, 2240 Heide,
0481/73113
Schutzgemeinschaft Nordseeküste, 2250 Husum,
04841/2240
Schutzstation Wattenmeer, 2370 Rendsburg, 04331/23622
Umweltstudienplatz DJH, 2253 Tönning, 04861/1280
Verein Jordsand, 2070 Ahrensburg, 04102/32656
WWF-Wattenmeerstelle, 2250 Husum, 04841/62073

Literatur

Wattenmeer

Abrahamse, J.: Wattenmeer; Wachholtz, Neumünster 1976
– Buchwald, K.: Nordsee; Die Werkstatt, Göttingen 1990 –
Friedrich, H.: Meeresbiologie; Gebr. Bornträger, Berlin
1965 – Geßner, F.: Meer und Strand; Deutscher Verlag der
Wissenschaften, Berlin 1957 – Götting, K.: Einführung in
die Meeresbiologie; Vieweg, Braunschweig 1982 – Grimm,
H. (Hrg.): Wattenmeer. In: Unterricht Biologie, Heft 136;
Friedrich, Seelze 1988 – Gripp, K.: Wenn die Natur im
Sande spielt; Schul- und Erziehungswesen, Hamburg o.J –
Hahne, U.: Natur im Watt erleben; Flensburg 1990 – Han-
sen, W.: Hallig Süderoog; W. Hansen, Nordstrand 1981 –
Heydemann, B.: Biologischer Atlas Schleswig-Holstein;
Wachholtz, Neumünster 1980 – IPTS/NPA: Erlebnis Wat-
tenmeer; Schmidt & Klaunig, Kiel 1992 – Janke, K.: Das
Watt; Franckh, Stuttgart 1990 – Kalb, R.: Das Watt; Welt-
bild, Augsburg 1991 – Kremer, B.: Am Meer; Kosmos-V.,
Stuttgart 1991 – Kullik, G.: Südfall; Nordstrand 1984 –
Landesregierung Schleswig-Holstein: Küstensicherung in
Schleswig-Holstein; Kiel 1990 – Lüders, K.: Kleines
Küstenlexikon; Verlagsbuchhandlung Lax, Hildesheim
1976 – Meier, O.: Die Naturschutzgebiete in Dithmar-
schen; Boyens, Heide 1982 – Meier, O.: Landschaftskunde
Dithmarschens; Boyens, Heide 1986 – Müller, F.: Das
Wasserwesen an der schleswig-holsteinischen Nordseekü-
ste, Band 1 und 2; Reimer, Berlin 1917 – Petersen, M.: Die
Halligen; Wachholtz, Neumünster 1981 – Puls, E.: Wir
erkunden die Nordseeküste; Husum Druck, Husum 1987 –
Quedens, G.: Die Halligen; Breklumer, Breklum 1978 –
Quedens, G.: Wattenmeer; Ehlert v. Richter, Hamburg
1988 – Reitmann, C.: Die Hamburger Hallig; Breklumer,
Breklum 1983 – Reitmann, C.: Land vor dem Deich; Brek-
lumer, Breklum 1989 – Riecken, G.: Die Halligen im
Wandel; Husum Druck, Husum 1985 – Schott, C.: Die
Naturlandschaften Schleswig-Holsteins; Wachholtz, Neumünster 1956 – Stadelmann, R.: Meer-Deiche-Land; Wachholtz, Neumünster 1981 – Thies, M.: Biologie des Wattenmeeres; Aulis, Köln 1985 – Wieland, P.: Küstenfibel;

Boyens, Heide 1990 – Wohlenberg, E.: Die Halligen Nordfrieslands; Boyens, Heide 1985 – Zucchi, H.: Watt; Maier,
Ravensburg 1989

Landschaftsentwicklung

Bantelmann, A.: Die Landschaftsentwicklung der schles-
wig-holsteinischen Westküste; Wachholtz, Neumünster
1967 – Busch, A.: Die heutige Hallig Südfall und die letzten
Spuren Rungholts; Sonderdrucke aus „Die Heimat",
Wachholtz, Neumünster 1952 und 1957 – Hagemeister, J.:
Rungholt; Lühr & Dircks, St. Peter-Ording 1979 – Hansen,
W.: Die nordfriesische Sintflut; Tetens, Husum 1984 –
Harth, U.: Untergang der Halligen; Heinrich Möller Söhne,
Rendsburg 1990 – Hinrichs, B.: Flutkatastrophe 1634;
Wachholtz, Neumünster 1985 – Landesvermessungsamt
Schleswig-Holstein: Topographischer Atlas Schleswig-
Holstein; Wachholtz, Neumünster 1979 – Danckwerth,
D.: Neue Landesbeschreibung . . . 1652; Heinevetter, Ham-
burg 1963 – Müller-Wille, M.: Norderhever-Projekt; Wach-
holtz, Neumünster 1988 – Muuß, U.: Die Küsten Schles-
wig-Holsteins; Wachholtz, Neumünster 1971 – Petersen,
M.: Sturmflut; Wachholtz, Neumünster 1979 – Quedens,
G.: Nordsee - Mordsee; Breklumer, Breklum 1978 – Rein-
hardt, A.: „Die erschreckliche Wasser-Fluth" 1634; Nord-
friesischer Verein, Langenhorn 1984 – Schmidtke, K.: Auf
den Spuren der Eiszeit; Husum Druck- und Verlagsanstalt,
Husum 1985 – Sönnichsen, U.: Trutz, blanke Hans;
Husum Druck, Husum 1978 – Taubert, A.: Morphodyna-
mik und Morphogenese des nordfriesischen Wattenmeeres; Universität Hamburg 1986

Unbelebte Natur

Defant, A.: Ebbe und Flut des Meeres; Springer, Göttingen
1953 – Petter, G.: Meeresströme und Gezeiten; Arena,
Würzburg 1979 – Reineck. H.: Das Watt; Kramer, Frankfurt 1978

Pflanzen und Tiere

Duflos, S.: Der Strand lebt; Herder, Freiburg 1979 – Fraser,
J.: Treibende Welt; Springer, Berlin 1962 – Hahne, U.:
Natur im Watt erleben; Institut für regionale Forschung,
Flensburg 1990 – Heydemann, B.: Die biologische Grenze
Land – Meer im Bereich der Salzwiesen; Steiner, Wiesba-
den 1969 – Janke, K.: Düne, Strand und Wattenmeer;

Kosmos, Stuttgart 1988 – Janus, H.: Das Watt; Kosmos, Stuttgart 1974 – Kock, K.: Das Watt; Schutzstation Wattenmeer; Rendsburg 1983 – Kuckuck, P.: Der Strandwanderer; Lehmann, München 1974 – Meyer, H.: Schulbiologische Untersuchungen im Wattenmeer; Schmidt & Klaunig, Kiel 1985 – Puls, E.: Wir entdecken das Wattenmeer; Kreisbildstelle, Husum 1985 – Quedens, G.: Strand und Wattenmeer; BLV, München 1979 – Schreitling, K.: Im Spülsaum der nordwestdeutschen Flachküste; AG Floristik, Kiel 1962 – Streble, H.: Was find ich am Strande? Kosmos, Stuttgart 1978 – Tait, R.: Meeresökologie; Thieme, Stuttgart 1971 – Tardent, P.: Meeresbiologie; Thieme, Stuttgart 1979

Pflanzen

Blindow, H.: Frieslands Salzwiesen; Mettcker, Jever 1979 – Brockmann, C.: Die Watt-Diatomeen der schleswig-holsteinischen Westküste; Kramer, Frankfurt 1950 – Drebes, G.: Marines Phytoplankton; Thieme, Stuttgart 1974 – Jantzen, F.: Pflanzen am Meer; Landbuch, Hannover 1987 – Kremer, x.: Meeresalgen; Ziemsen, Wittenberg 1975 – Kempf, N.: Salzwiesen; Tagungsbericht WWF, Husum 1987 – Kremer: Pflanzen unserer Küsten; Kosmos, Stuttgart 1977 – Schutzgemeinschaft Deutsche Nordseeküste: Blühende Phantasien; SDN, Dornum 1988

Tiere

Bruun, B.: Der Kosmos-Vogelführer; Kosmos, Stuttgart 1971 – Busche, G.: Die Vogelbestände des Wattenmeeres; Kilda, Greven 1980 – Colston, P.: Limicolen; BLV, München 1989 – Curry-Lindahl, K.: Das große Buch vom Vogelzug; Paray, Hamburg 1982 – Dircksen, R.: Vogelvolk auf weiter Reise; Bertelsmann, Gütersloh 1961 – Drescher, E.: Biologie, Ökologie und Schutz der Seehunde im schleswig-holsteinischen Wattenmeer; Landesjagdverband, Meldorf 1979 – Frieling, H.: Was fliegt denn da? Kosmos, Stuttgart 1981 – Heers, x.: Der Seehund im Wattenmeer; Worpsweder, Worpswede 1984 – Heinzel, H.: Parays Vogelbuch; Paray, Hamburg 1983 – IPTS/NPA-Hg.: Tiere im Wattenmeer; Schmidt & Klaunig, Kiel 1990 – Kempf, N.: Brut- und Rastvogelzählungen im Schleswig-Holsteinischen Wattenmeer 1987/1988; Landesamt für den Nationalpark, Tönning 1990 – Kuhlemann, P.: Nesthocker – Weltwanderer; Landbuch, Hannover 1958 – Lohmann, M.: Vogelpara-

206

diese Band 1; Parey, Hamburg 1989 – Möller-Christensen, J.: Die Fische der Nordsee; Kosmos, Stuttgart 1977 – Muus, B.: Meeresfische; BLV, München 1985 – Oliver, P.: Der Kosmos-Muschelführer; Kosmos, Stuttgart 1975 – Peterson, R.: Die Vögel Europas; Paray, Hamburg 1983 – Pott, E.: Vogelstimmen an Strand und Küste; Kosmos, Stuttgart 1989 – Prokosch, P.: Ringelgänse im Wattenmeer; WWF-Deutschland, Frankfurt 1985 – Quedens, G.: Vögel der Nordsee; Breklumer, Breklum 1976 – Quedens, G.: Vögel über Watt und Meer; Ellert & Richter, Hamburg 1990 – Schmidt, G.: Vogelleben zwischen Nord- und Ostsee; Wachholtz, Neumünster 1974 – Vauk, G.: Möwen; Niederelbe, Otterndorf 1987 – Wernicke, H.: Abc der See- und Küstenvögel; Edition Maritim, Hamburg 1982 – Willmann, R.: Muscheln und Schnecken der Nord- und Ostsee; Neumann-Neudamm, Melsungen 1989 – Ziegelmeier, E.: Die Schnecken der deutschen Meeresgebiete; Biologische Anstalt Helgoland, Hamburg 1966

Kultur

Detleffsen, G.: Krabben; Husum Druck, Husum 1984 – Güntheroth, H.: Die Nordsee; Gruner + Jahr, Hamburg 1986 – Hering, E.: Sagen von der Nordsee; Boje, Stuttgart 1974 – Heimreich, A.: Nordfresische Chronik 1. und 2. Teil, Schuster, Leer 1982 – Hubrich-Messow, G.: Sagen und Märchen aus Nordfriesland; Husum Druck, Husum 1988 – Heydemann, B.: Wattenmeer; Deutscher Naturschutzring, Bonn 1981 – Landesamt für den Nationalpark: Rettet die Nordsee; Landesamt, Tönning 1988 – Ide, W.: Gesundheit durch Nordsee; Hansen, Itzehoe o.J. – Lozan, J.: Warnsignale aus der Nordsee; Paray, Hamburg 1990 – Lübbing, H.: Friesische Sagen; Schuster, Leer 1977 – Michelsen, A.: Nordfriesland im Mittelalter; Sändig, Wiesbaden 1828/1969 – Mordhorst, J.: Müllkippe Nordsee; Edition Maritim, Hamburg 1981 – Müller-Wille, M.: Norderhever-Projekt Offa-Bücher Band 66; Wachholtz, Neumünster 1988 – Pfleiderer, H.: Die Heilkräfte des Meeres und des Meeresklimas; Hansen, Münsterdorf 1971 – Prager, H.: Was weißt du von der Waterkant? Köhler, Herford 1981 – Rat der Sachverständigen für Umweltfragen: Umweltprobleme der Nordsee; Kohlhammer, Stuttgart 1980 – Reineking, B.: Seevögel – Opfer der Ölpest; Niederelbe, Otterndorf 1982 – Rieverts, B.: Mit Herz und frischer Brise; Nordfriisk Instituut, Bredstedt 1990 – Schutzgemeinschaft Deutsche Nordseeküste: Saubere Nordsee zum Leben; SDN, Aurich 1982

Nationalparks

AG Naturschutz: Nationalparks; ABN, Bonn 1985 – Biebelriether, H.: Nationalparkführer Bayerischer Wald; BLV, München 1980 – Biebelriether, H.: Die Nationalparks Europas; Süddeutscher, München 1989 – Erz, W.: Nationalpark Wattenmeer; Paray, Hamburg 1972 – Landesamt für den Nationalpark: Forschungsübersicht Wattenmeer; Landesamt, Tönning 1987 – Meister, G.: Nationalpark Berchtesgaden; Kindler, München 1976 – Quedens, G.: Nationalpark Wattenmeer; Breklumer, Breklum 1988 – Weinzierl, H.: Deutschlands Nationalpark; Morsak, Grafenau

Zeitschriften und Periodika

Die Heimat / Wachholtz Verlag, Neumünster – Informationen / Schutzgemeinschaft Deutsche Nordseeküste, Aurich – Informationsbriefe / Schutzstation Wattenmeer, Rendsburg – Die Küste / Verlag Boyens & Co., Heide – Informations- und Merkblätter / Landesamt für Naturschutz und Landschaftspflege, Kiel – Jahresberichte / Biologische Anstalt Helgoland, Hamburg – Nationalpark / Morsak Verlag, Grafenau – Naturmagazin draußen / HB Verlags-Gesellschaft, Hamburg – Nordfriesland / Nordfriisk Instituut, Bräist/Bredstedt – Seevögel / Verein Jordsand, Hamburg – Wattenmeer international, WWF Husum – WWF-Journal/Frankfurt – Zwischen Eider und Wiedau / Husum Druck- und Verlagsgesellschaft, Husum

Tageszeitungen

Dithmarscher Landeszeitung aus der Westholsteinischen Verlagsanstalt Boyens & Co., Heide; Dithmarscher Rundschau, Husumer Nachrichten, Nordfriesisches Tageblatt, Inselbote und Sylter Rundschau aus dem Schleswig-Holsteinischen Zeitungsverlag, Flensburg

Informationen

Das Nationalparkamt in 2253 Tönning, Am Hafen 40 a, Tel. 04681/6456, schickt Ihnen auf Anforderung Faltblätter und Nationalpark-Aufkleber, die Broschüren einer Schriftenreihe gegen Selbstkostenpreis zu.